新しい教職教育講座 教科教育編 ❷

原 清治／春日井敏之／篠原正典／森田真樹［監修］

初等社会科教育

中西 仁／小林 隆［編著］

ミネルヴァ書房

新しい教職教育講座

監修のことば

　現在，学校教育は大きな転換点，分岐点に立たされているようにみえます。
　見方・考え方の育成を重視する授業への転換，ICT 教育や特別支援教育の
拡充，増加する児童生徒のいじめや不登校への適切な指導支援，チーム学校や
社会に開かれた教育課程を実現する新しい学校像の模索など。切れ間なく提起
される諸政策を一見すると，学校や教師にとって混迷の時代に突入しているよ
うにも感じられます。
　しかし，それは見方を変えれば，教師や学校が築き上げてきた地道な教育実
践を土台にしながら，これまでの取組みやボーダーを超え，新たな教育を生み
出す可能性を大いに秘めたイノベーティブな時代の到来ともいえるのではない
でしょうか。教師の進むべき方向性を見定める正確なマップやコンパスがあれ
ば，学校や教師の新たな地平を拓くことは十分に可能です。
　『新しい教職教育講座』は，教師を目指す学生や若手教員を意識したテキス
トシリーズであり，主に小中学校を対象とした「教職教育編」全13巻と，小学
校を対象とした「教科教育編」全10巻から構成されています。
　世の中に教育，学校，教師に関する膨大な情報が溢れる時代にあって，学生
や若手教員が基礎的知識や最新情報を集め整理することは容易ではありません。
そこで，本シリーズでは，2017（平成29）年に告示された新学習指導要領や，
今後の教員養成で重要な役割を果たす教職課程コアカリキュラムにも対応した
基礎的知識や最新事情を，平易な表現でコンパクトに整理することに心がけま
した。
　また，各巻は，13章程度の構成とし，大学の授業での活用のしやすさに配慮
するとともに，学習者の主体的な学びを促す工夫も加えています。難解で複雑
な内容をやさしく解説しながら，教職を学ぶ学習者には格好のシリーズとなっ
ています。同時に，経験豊かな教員にとっても，理論と実践をつなげながら，
自身の教育実践を問い直し意味づけていくための視点が多く含まれた読み応え
のある内容となっています。
　本シリーズが，教育，学校，教職，そして子どもたちの未来と可能性を信じ
ながら，学校の新たな地平を拓いていこうとする教師にとって，今後の方向性
を見定めるマップやコンパスとしての役割を果たしていくことができれば幸い
です。

監修　原　　清 治（佛教大学）
　　　春日井敏之（立命館大学）
　　　篠 原 正 典（佛教大学）
　　　森 田 真 樹（立命館大学）

は じ め に

　教師を志望する学生さんから「社会科の授業づくりは難しい」という声を聞くことがよくあります。なぜ，社会科の授業づくりは難しいのでしょうか。

　社会科は，「いまある社会について学ばせる」教科です。同時に「あるべき社会とはどのような社会なのかを考えさせる」教科であり，「いま，あるいは未来の社会で自分はどのように生きるべきかを考えさせる」教科です。しかし「いま」および「未来」の社会について学び，考えることはとても難しいことです。なぜなら社会は刻一刻と変化していますし，未来の社会を予測することはとても困難だからです。

　つまり社会科は「何を」「どのように」教えるのか，あるいは「何を」「どのように」子どもに学ばせるのか，明確に決まっていない教科といえます。ですから「社会科の授業づくりは難しい」と感じている人は，社会科の本質をとてもよく理解している人です。

　それでは社会科はなぜ学ばれているのでしょうか。

　義務教育の究極の目的は，社会でよりよく生きる市民を育成することです。小学校のすべての教育活動は，未来の社会を生き抜く市民を育成するために行われているといってもよいでしょう。ですから学校教育の場で社会というものについて改めて考える学びの場（教科）がどうしても必要なのです。こう考えると，社会科とは学校教育の根幹に関わる教科であり，学校教育全体の指針となるべき教科であることがわかると思います。変化が激しく未来予測が難しい時代であるからこそ，社会科の役割はますます重要になってきているといえるでしょう。

　皆さんは，これから社会科について学んでいくことになります。冒頭に述べたように「社会科の授業づくりは難しそう」と考えているかもしれません。しかし，「新しい」教師の新鮮な視点・視覚・解釈に基づいた「新しい」授業は，

社会科を新しく，よりよくするために是非とも必要です。皆さんは，先入観や苦手意識にとらわれることなく，新しい社会科授業をつくってください。それがこれからの社会科をつくることになると期待しています。

　本書は2017（平成29）年に公示された学習指導要領（本書では「新学習指導要領」と表記）を反映した内容となっており，小学校における最新の社会科授業づくりに十分対応できると思います。内容は大きく３つに分けることができます。第１章から第６章までが，社会科とはどのような教科であるのかについての概説です。第７章から第10章までが，それぞれの学年でどのような社会科授業が行われているのかについての実践編です。そして，第11章から第13章までは社会科の授業を構想する上で大切にしたい視点や技術について具体的に述べられています。それぞれの章は独立しており，どこから読んでいただいてもかまいません。

　本書の各章はすべて小学校および中学校現場の現職教員または教員経験者によって執筆されています。執筆者たちは，学級担任などの立場で密接に子どもと関わりながら社会科授業を行ってきました。したがって本書は「社会科はこうあるべき」という理論の書ではなく，実践に重きを置いた内容になっています。また，それぞれの執筆者はそれぞれのやり方で社会科授業を行ってきたので，書き方のスタイルや主張はそれぞれ少しずつ違っています。この点はご了解ください。

　本書は日々の社会科実践の積み重ねの中から生まれてきました。それこそが一番の特長です。最後に，皆さんの社会科教育の学びが充実したものとなることを期待します。

編者代表　中西　仁

目 次

はじめに

第1章　社会科とは何か……………………………………………………………1

　1　社会科って何だろう …………………………………………………………1
　2　学校教育における社会科 ……………………………………………………6
　3　社会科教育を学ぶ ……………………………………………………………11

第2章　社会科の歴史①…………………………………………………………16
　　　　──昭和22年版〜昭和52年版学習指導要領

　1　社会科前史 ……………………………………………………………………16
　2　社会科の誕生と昭和22年，26年版学習指導要領における社会科 ………17
　3　社会科の変質と昭和30年・33年版学習指導要領における社会科 ………23
　4　昭和43年，52年版学習指導要領における社会科 …………………………25
　　　　──教育の「現代化」から「人間化」へ
　5　民間教育団体における社会科 ………………………………………………29

第3章　社会科の歴史②…………………………………………………………31
　　　　──平成元年版〜平成20年版学習指導要領

　1　「新しい学力観」と平成元年版学習指導要領における社会科…………31
　2　「ゆとり」を標榜した平成10年版学習指導要領における社会科………35
　3　「ゆとりでも詰め込みでもない」バランスを模索した
　　　　平成20年版学習指導要領における社会科 …………………………………39
　4　学習指導要領の変遷の振り返り ……………………………………………42

第4章　社会科の歴史③ ･･････････････････････････ 46
――平成29年版学習指導要領

1　「21世紀型能力」 ･･･････････････････････････････ 46

2　中央教育審議会答申 ･･････････････････････････････ 48

3　平成29年版学習指導要領における社会科 ･･･････････ 52

4　平成20年版から平成29年版への発展 ･･･････････････ 57

第5章　平成29年版学習指導要領と指導上の留意点 ･････････ 59

1　平成29年版学習指導要領の特徴 ･･････････････････ 59

2　小学校社会科の改訂 ･････････････････････････････ 63

3　各学年の目標および内容 ･････････････････････････ 66

第6章　社会科授業構成論と授業づくり ･･･････････････････ 75

1　平成29年版学習指導要領の方向性と目指す授業像 ･･･ 75

2　授業づくりの現状と授業構成理論の必要性 ･･･････････ 76

3　社会科授業構成論と学習指導モデル ･･･････････････ 78

4　授業づくりと学習指導案 ･････････････････････････ 84

5　具体的な授業づくりに向けて ･･･････････････････････ 89

第7章　第3学年の学習指導 ･･････････････････････････････ 91

1　3年生の指導で大切にしたいこと ･･･････････････････ 91

2　事例1「わたしたちのまち　みんなのまち」 ･･･････････ 93

3　事例2「はたらく人とわたしたちのくらし」 ･･･････････ 97

4　事例3「かわってきた人々のくらし」 ･･･････････････ 103

第8章　第4学年の学習指導 ･･･････････････････････････ 109

1　4年生の指導で大切にしたいこと ･･･････････････････ 109

2 事例1「わたしたちの県（都道府県）」 ……………………… 111

3 事例2「住みよいくらしをつくる――ごみの処理と利用」 ………… 115

4 事例3「自然災害からわたしたちのくらしを守る」 ……………… 119

第9章　第5学年の学習指導 …………………………………… 124

1 5年生の指導で大切にしたいこと ………………………… 124

2 事例1「持続可能な水産業へ」 …………………………… 126
　　――日本初！『海のエコラベル』認証漁業に名前を付けるとしたら

3 事例2「情報を生かすのは？」 …………………………… 129

4 事例3「木を伐らずに森林を元気に⁉」 ………………… 133

第10章　第6学年の学習指導 ………………………………… 138

1 6年生の指導で大切にしたいこと ………………………… 138

2 事例1「日本の歴史（陸奥宗光の業績）」 ………………… 140

3 事例2「わたしたちの生活と政治」 ……………………… 144

4 事例3「世界の中の日本」 ………………………………… 149

第11章　社会科授業と子ども理解 …………………………… 156

1 なぜ，子ども理解が必要なのか ………………………… 156

2 様々な角度から子どもを捉える ………………………… 159

3 子ども理解を生かした授業実践 ………………………… 165

第12章　社会科授業と教材研究 ……………………………… 172

1 授業をつくるために ……………………………………… 172

2 問題解決的な学習の充実を目指して …………………… 175

3 社会科における学習問題とは何か ……………………… 180

4 学習素材を教材にするポイント ………………………… 184

第13章　社会科授業の基本技術……………………………………………187

1　子どもに確かな知識・技能を身に付けさせる基本技術………………187
2　問いを引き出し，多面的な見方や考え方を可能にする
　　発問の基本技術…………………………………………………………194
3　構造的な授業展開を表す板書の基本技術……………………………200

資料　小学校学習指導要領　第2章　第2節　社会　　203
索　　引　　214

| 第1章 | 社会科とは何か |

この章で学ぶこと

　本章では社会科とはどのような教科であるのかについて学ぶ。社会科はよく地名や人名，社会的事象を覚えるだけの「暗記教科」であると考えられているがほんとうにそうだろうか。本章では「社会科の目標とは何だろうか」「学校教育の中での社会科の役割は何だろうか」「これからの社会を生きる子どもたちにとって社会科を学ぶことはどんな意味があるのだろうか」という3つの観点から社会科を概観していく。そして，社会科とは社会と積極的に関わり，社会に存在する諸課題を解決しようとする国民・市民の育成を目指した教科であることを学ぶ。

1　社会科って何だろう

（1）社会科は「暗記教科」？

　「社会科はどんな教科であろうか」という問いに対して，皆さんはどのように答えるだろうか。様々な答えが予想されるが，一般的によくみられる回答が「暗記教科である」というものであろう。とある受験の手引き書には，社会科の特徴として次のように書かれている。

　　社会の場合，最終的には覚えたか覚えていないかで得点が決まる科目であり，なおかつ演習には時間をほとんどかけなくて済む即効性の強い科目なのです。つまり，社会に関しては，生徒個々の学習センスをまったく必要とせず，覚えたか，覚えていないかの違いがそのままデキる，デキないにかわる科目なのです（野村，2011，31頁）。

これを読んであなたはどのように感じたであろうか。「そのとおり」と感じたならば，あなたは社会科を「暗記教科」と考えているということになろう。この文章を読んでまずいえるのは，「暗記教科」という社会科のイメージは，受験産業や入試問題などからきているということである。しかし社会科が「暗記教科」というイメージが，皆さんが受けてきた日頃の社会科授業やテストなどからきているとしたら，それは大きな問題である。社会科は「暗記教科」ではない。もうすこし丁寧にいえば，地名や人名をはじめとする様々な社会的事象の暗記を目標とする教科ではない。それでは社会科とは何のためにある教科なのだろうか。

（2）社会科の存在意義

　人間は社会的な存在であるとされる。すなわち，一人ひとりの人間，個人は家族，地域社会，国家，国際社会といった社会集団に属している。人間はその生存に必要な諸資源や情報を社会から得ている。人間は社会に属する他の人々と関わり合い，助け合いながら生きていかなければならない。すなわち人間にとって社会は必要不可欠である。

　人間が社会でよりよく生きていくためには，まず自らが生きていく社会について正しく知ることが必要であろう。しかし，個人的経験や個人的に獲得した知識のみによって複雑な現代社会を正しく知ることは，非常に困難である。正しく知るためには良質で有用な知識が必要であろうし，良質で有用な知識を使って幅広い視点から深く考える力も必要である。また他人の意見や考えに流されず判断する力も必要となってくるだろう。そのような「知識」「考える力」「判断する力」を学校教育の中で養うことを目指す教科が社会科である。

　また社会には様々な課題が存在する。ときには社会全体が望ましくない方向に傾いていくといった状況も現れる。社会に属する個人個人は，よりよい社会とはどのような社会なのかを考えなければならないし，よりよい社会の実現に向けて努力を続けなければならない。第二次世界大戦終了後の混乱した状況の中で，社会科の生みの親の一人である重松鷹泰は，「再び時の勢いに欺かれな

い子どもを育てる」ことを目指して社会科を創設した。「再び時の勢いに欺かれない」とは，よりよい社会とは何かを考え，その実現のために努力しようとする態度であろう。社会科はそのような態度の基礎を養うための教科である。「よりよい社会」とは何か。「よりよい社会」の実現のためには何ができるのか。これは人それぞれ答えが違ってくるだろう。すなわち社会科は画一的な知識を暗記する教科ではないのである。

　以上のことから社会科は決して「暗記教科」ではないし，「暗記教科」であってはならないということが理解できるだろう。

（3）社会科の目標

　社会科の目標とは何であろうか。従来から社会科の目標は，「公民的資質（市民的資質）」とされてきた。「公民的資質」には能力の側面と態度の側面があり，「社会を正しく認識できる能力」を身に付けさせることによって，「よりよい社会を形成しようとする態度」を育成する，という相関関係で能力の側面と態度の側面は捉えられてきたのである。このことは学習指導要領がどのように改訂されようとも引き継がれてきた社会科の本質である。

　新学習指導要領の小学校社会科の教科目標の冒頭は下記のように述べられている。

　　社会的な見方・考え方を働かせ，課題を追究したり解決したりする活動を通して，グローバル化する国際社会に主体的に生きる平和で民主的な国家及び社会の形成者に必要な公民としての資質・能力の基礎を次のとおり育成することを目指す。

　社会科の目標の要諦は「グローバル化する国際社会に主体的に生きる平和で民主的な国家及び社会の形成者に必要な公民としての資質・能力の基礎」の育成ということとなる。

　「公民的資質」については，社会科の始まりから社会科の目標として捉えら

れてきた。『小学校社会科学習指導要領補説編』(1948 (昭和23) 年) では，その内容として「人々の幸福への熱意」「政治的・社会的・経済的不正への反発心」「人間性，民主主義への信頼」「人類の問題解決能力への信頼」などがあげられている。しかし本格的に社会科の目標とされたのは1968 (昭和43) 年改訂の小学校学習指導要領からである。同学習指導要領の解説書である『小学校指導書社会編』(1969 (昭和44) 年) には「公民的資質」について，下記のように解説する。

> 公民的資質というのは，社会生活のうえで個人に認められた権利は，これをたいせつに行使し，互いに尊重しあわなければならないこと，また，具体的な地域社会や国家の一員として，自らに課せられた各種の義務や社会的責任があることなどを知り，これらの理解に基づいて正しい判断や行動のできる能力や意識などをさすものといえよう。したがって，市民社会の一員としての市民，国家の成員としての国民という二つの意味をもったことばとして理解されるべきものである（下線部：筆者）。

　この解説文を読むと，「公民的資質」には権利主体としての市民という側面と，国家・地域に対して様々な義務・責任を負う公民・国民という側面があることがわかるだろう。「公民的資質」のうち，「市民」の側面をより重視する立場から「市民的資質」という言葉を使用する場合もある。

（4）社会科の目標と学力

　以上述べてきたように，社会科は社会についての正しい理解と，よりよい社会を目指す態度を育成する教科であるが，教科の目標を達成するためには，どのような学力をつけることが必要となってくるのであろうか。

　まず社会を正しく知るためには，社会的事象についての知識や，たとえば地図の読図などの情報を読み解くための技能が必要であろう。これが社会科の学力の第一段階である。しかし知識や技能を修得するだけでは，それこそ社会科

は「暗記教科」に終わってしまうだろう。これらの知識や技能は社会を正しく知るために使ってこそ意味がある。

たとえば社会的課題を授業で取り上げた際には，それまでに習得した知識や技能を使って解決方法をじっくり考える力が必要である。そして解決の道筋がいくつも考えられる際には，深く思考した結果に基づいて最良と思われる方法を判断する力が必要である。また思考の結果や判断の結果を主として言語等でより的確に，より効果的に表現する力も必要となってくるだろう。この思考力，判断力，表現力は社会科の学力の中心といってよいだろう。これらの学力をつけるためには，「考えさせる」「決めさせる」「表明させる」といった学習活動を取り入れた授業が必要となってくる。

図 1-1　目標からみた社会科の学力
出典：筆者作成。

そして最後に，これまでの学力を総合したものが態度の形成となる（図1-1参照）。態度の形成については，これまで述べてきた学力を身に付けることによって態度形成が期待できるだけでなく，態度形成は児童の内面に関わる課題であるので，必ずしも授業で取り扱うべきではないという考え方と，これまで述べてきた学力を総合する場として，態度形成につながる活動を積極的に授業に取り入れるべきであるという考え方がある。

いずれにせよ目標とそれに対応する学力からみれば，社会科授業は「知識・技能」段階の学力を習得させる段階にとどまるべきではなく，「思考力」「判断力」「表現力」段階の学力に関わる学習活動を取り入れるべきことはいうまでもない。

2　学校教育における社会科

（1）社会科の位置

　教育基本法は，日本国憲法の精神にのっとり，教育の基本を確立するとともに，その振興をはかるために制定された法律であり，日本の教育の制度・政策に関する理念，基本方針が示されている法律である。その第1条は「教育の目的」について以下のように定めている。

　　教育は，人格の完成を目指し，平和で民主的な国家及び社会の形成者として必要な資質を備えた心身ともに健康な国民の育成を期して行われなければならない。

「平和で民主的な国家及び社会の形成者として必要な資質」という文言は，新学習指導要領に示された社会科の目標の「グローバル化する国際社会に主体的に生きる平和で民主的な国家及び社会の形成者に必要な公民としての資質・能力の基礎」という文言とまさに重なり合うものである。

　また教育基本法第2条「教育の目標」は5つの項目からできているが，その中には以下のような項目がある。

　　三　正義と責任，男女の平等，自他の敬愛と協力を重んずるとともに，公共の精神に基づき，主体的に社会の形成に参画し，その発展に寄与する態度を養うこと。

　　五　伝統と文化を尊重し，それらをはぐくんできた我が国と郷土を愛するとともに，他国を尊重し，国際社会の平和と発展に寄与する態度を養うこと。

第1章　社会科とは何か

　「教育の目標」の5つの項目のうち2つの項目に書かれている「態度」は，社会科が育成を目指す「態度」と非常に関連が深い。

　教育基本法に基づいて学校教育の根幹について定めている学校教育法の第21条は義務教育の目標について定めているが，その第一および第三は社会科の目標および内容と重なっている。

　　一　学校内外における社会的活動を促進し，自主，自律及び協同の精神，
　　規範意識，公正な判断力並びに公共の精神に基づき主体的に社会の形成に
　　参画し，その発展に寄与する態度を養うこと。

　　三　我が国と郷土の現状と歴史について，正しい理解に導き，伝統と文化
　　を尊重し，それらをはぐくんできた我が国と郷土を愛する態度を養うとと
　　もに，進んで外国の文化の理解を通じて，他国を尊重し，国際社会の平和
　　と発展に寄与する態度を養うこと。

　以上のことから社会科とは国の教育の目的・目標の根幹に関わる教科であることがわかるだろう。なお，学習指導要領の位置づけについては，学校教育法施行規則第52条に，教育課程の基準として文部科学大臣が公示するという規程がある。

（2）道徳と社会科

　「修身」とは戦前における道徳教育のための教科であるが，その実態は「滅私奉公」「尽忠報国」などの軍国主義・全体主義的な徳目を，児童に注入するための教科であった。そのため戦後に廃止されたのだが，修身にかわって道徳教育を担うようになったのが社会科であった。1947（昭和22）年に示された『学習指導要領一般編（試案）』では，新しくできた社会科について，「これまでの修身・公民・地理・歴史などの教科の内容を融合して，一体として学ばれなくてはならない」としている。しかしその後，道徳を育成するためには社会

7

科は不十分であるという意見が政治家や政府関係者から出始め，1958（昭和33）年の学習指導要領第3次改訂において，道徳の時間が特設され，道徳教育は「道徳」の時間および教育活動全体で行うものとされたのである。そして新学習指導要領では，「特別の教科　道徳」（道徳科）が新設され，学校の教育活動全体で行う道徳教育の要とされている。

　新学習指導要領第3章の第3の2(2)では，「各教科，外国語活動，総合的な学習の時間及び特別活動における道徳教育としては取り扱う機会が十分でない内容項目に関わる指導を補うことや，児童や学校の実態等を踏まえて指導をより一層深めること，内容項目の相互の関連を捉え直したり発展させたりすることに留意すること」としている。「特別の教科　道徳」の内容項目には「A　主として自分自身に関すること」「B　主として人との関わりに関すること」「C　主として集団や社会との関わりに関すること」「D　主として生命や自然，崇高なものとの関わりに関すること」があるが，このうち社会科と関わりが深いのは「C　主として集団や社会との関わりに関すること」であろう。ここには［規則の尊重］［公正，公平，社会正義］［勤労，公共の精神］［家族愛，家庭生活の充実］［よりよい学校生活，集団生活の充実］［伝統と文化の尊重，国や郷土を愛する態度］［国際理解，国際親善］といった項目が含まれるが，たとえば社会科の地域学習と，道徳の郷土を愛する態度についての授業などは，内容の関連性が深いことが予想される。こういった場合，社会科で目指すべきこと，道徳で目指すべきことをはっきりさせた上で，互いの連携を意識しながら授業を行うと，児童の学びはより質の高いものとなるだろう。

（3）生活科と社会科

　1989（平成元）年改訂の学習指導要領によって，社会科は大きく変化した。高等学校社会科は改編され，新たに地理歴史科と公民科となった。また小学校低学年社会科と理科が廃止，再編され生活科が新設された。

　新学習指導要領において生活科の目標は次のように示されている。

具体的な活動や体験を通して，身近な生活に関わる見方・考え方を生かし，
自立し生活を豊かにしていくための資質・能力を次のとおり育成すること
を目指す。

(1) 活動や体験の過程において，自分自身，身近な人々，社会及び自然の
特徴やよさ，それらの関わり等に気付くとともに，生活上必要な習慣や技
能を身に付けるようにする。

(2) 身近な人々，社会及び自然を自分との関わりで捉え，自分自身や自分
の生活について考え，表現することができるようにする。

(3) 身近な人々，社会及び自然に自ら働きかけ，意欲や自信をもって学ん
だり生活を豊かにしたりしようとする態度を養う。

　社会科が内容を重視するのに対して，生活科は活動や体験を重視するという
ように教科の特性には違いがあるが，目標からわかるように，「社会」をその
学習対象とする点では，生活科は社会科と共通する部分をもつ。〔学校，家庭
及び地域の生活に関する内容〕〔身近な人々，社会及び自然と関わる活動に関
する内容〕〔自分自身の生活や成長に関する内容〕という生活科の3領域の内
容には，たとえば「地域」や「地域で生活したり働く人々」「地域の人々との
交流」「地域の行事」「公共物・公共施設」といった項目があり，社会科の地域
学習と重なる部分が多い。もちろん，同じく地域を学習内容とする場合でも社
会科と生活科の目標やアプローチは異なっているが，生活科での学びを3年生
から学ぶ社会科の地域学習の基盤とするために，児童が生活科でどのような学
習を行ったのかを知ることは重要である。

(4)「総合的な学習の時間」と社会科

　「総合的な学習の時間」は1998（平成10）年改訂の学習指導要領に示された
「領域」である。もともと社会科はその出発点において，自ら問題を発見し，
その解決を目指して学習を進める問題解決学習を重視したことや，問題解決の
手法として合科的，総合的な学習を想定してきた。しかし「総合的な学習の時

間」が登場したことにより，合科的・総合的な学習手法によって課題解決を行う学習の主たる場は，「総合的な学習の時間」であることが示されたことになる。

新学習指導要領の第5章「総合的な学習の時間」の第2の3(2)は，以下のように述べる。

　　各学校において定める目標及び内容については，他教科等の目標及び内容との違いに留意しつつ，他教科等で育成を目指す資質・能力との関連を重視すること。

すなわち「総合的な学習の時間」は他教科との関連を重視しながらすすめるべきであるということである。社会科との関連でいえば，同じく第2の3(5)に，

　　目標を実現するにふさわしい探究課題については，学校の実態に応じて，例えば，国際理解，情報，環境，福祉・健康などの現代的な諸課題に対応する横断的・総合的な課題，地域の人々の暮らし，伝統と文化など地域や学校の特色に応じた課題，児童の興味・関心に基づく課題などを踏まえて設定すること。

とあり，このうち国際理解，情報，環境，地域，伝統と文化などのテーマは社会科の内容と重なる。社会科と総合的な学習の時間の目標の違いに留意しつつ，社会科で取り扱った内容を「総合的な学習の時間」で探究することは，児童の学びの深化・総合化の上で望ましい。また，たとえば地図帳や地球儀の活用など社会科で必要とされる技能を「総合的な学習の時間」で活用したり，「総合的な学習の時間」における情報機器の活用やまとめ，話し合い，発表などの手法を社会科の授業に活用することも考えられる。

新学習指導要領「総則」第1の4には，「教育課程に基づき組織的かつ計画的に各学校の教育活動の質の向上を図っていく」「カリキュラム・マネジメン

ト」が重視されている。「カリキュラム・マネジメント」とは，具体的には問題発見・解決能力等の学習の基盤となる資質・能力や，次代の社会を形成することに向けた現代的な諸課題に対応して求められる資質・能力を育成するために，「各教科等の特質を生かした，教科等横断的な視点から」の「教育課程の編成」であり，主体は各学校とされるが，個々の教師にも必要であることはいうまでもない。社会科と「総合的な学習の時間」を有機的かつ効果的にリンクさせることは「カリキュラム・マネジメント」の典型であろう。

3 社会科教育を学ぶ

（1）社会科の目標・内容を学ぶ

　本章の初めに，社会科は「暗記教科」ではないと強調したが，なぜ社会科が暗記教科であるという誤解が生まれるのであろうか。それは社会科の目標が十分に理解されていないことから出てきたと思われる。社会科の目標を理解していれば，社会科の内容は単なる暗記の対象ではなく，児童に社会を正しく理解させるために必要な知識・技能であることがわかるであろう。

　社会科教育を学ぶ者はまず社会科の目標を理解した上で，内容についても常に学ぶ姿勢が必要である。社会科授業を行う際には，教科書に記述されている内容について深い知識が必要である。

　たとえば学習指導要領には歴史学習で取り上げる人物を例示しているが，それらの人物について授業を行う際には，「いつどこで生まれたのか」「何をしたのか」などの辞書的な知識だけでは不十分であり，その人物が活躍した時代はどのような時代であったのか，その人物の業績は同時代および後の時代の社会にどのような影響をもたらしたのか，その人物の業績や生き方から現代社会の私たちが学ぶべきことは何か，等々について理解していなければならない。

　あるいは地域の生産や販売の「仕事」について授業を行う際には，その「仕事」は現在どのような課題をもっているのか，その「仕事」の今後についてはどのような見通しがあるのか，現代社会におけるその「仕事」の存在意義とは

何か，その「仕事」をとりまく国内的・国際的環境はどのようになっているのか，などの知識が必要となってくる。

　社会科授業を行うにあたり必要な広汎で深い知識を得るためには，日頃から社会的事象に興味関心をもって，地理や歴史や政治，国際社会に関する本を読んだり，新聞を読んだり，テレビの報道番組や特集番組を視聴したり，様々な場所に見学や旅行に出かけたりするなど積極的に学ぶ姿勢が必要であろう。これらのことを日頃から行うことは，単に自らの知識を豊富にすることだけではなく，授業を行う際に効果的に学習内容の背景となる知識を習得する方法（いわゆる「教材研究」）の訓練にもなるだろう。また，社会科を教える際に必要となってくる「自分なりに社会を見る目」を育てることにもつながるだろう。

（2）社会科授業の学習のあり方を学ぶ

　中学校の社会科や高等学校の地理歴史科・公民科などの授業の実態として，「一斉授業」かつ「講義」というスタイルが一般的であろう。社会科は児童の生活経験から離れた社会的事象を取り扱う教科である。抽象的な思考がまだまだ未発達である小学生の発達段階から考えて，小学校の社会科授業においては，一斉授業の講義というスタイルのみというのは望ましくない。そこで授業における学習には様々な工夫が必要となってくる。

　まず授業における児童の学習形態であるが，クラス全体での一斉授業に加えて，グループ学習，個別学習といった方法を取り入れるべきである。グループ学習においては，一斉学習でなかなか発言できない児童が発言できるようになったり，少ない人数でじっくり話し合いを深めることが容易である。また，一斉学習やグループ学習において，積極的な児童が集団の学習を主導し，その他の児童が受け身の立場で学習する場面をしばしば見かける。そういった際に個々の児童に「自分なり」の意見や考え方を形成させ，知識や技能の確実な定着を図るための個別学習が有効である。

　グループ学習も個別学習も授業のどの段階でどのように取り入れるのか，授業によって変わってくる。気を付けなければならないのは，グループ学習や個

別学習をむやみに行い，児童に学習させっぱなし，任せっぱなしにしないことである。グループや個々の学びは一斉学習で交流することにより，より効果的になるのである。

　次に学習方法であるが，講義に加えて，見学，ものづくり，ロールプレイ（劇化），視聴，発表・報告会，話し合いなど様々な学習方法がとられてきた。これらの学習を効果的に行うには，まず講義よりも多くの労力が必要であると同時に，教師が指導意図をはっきりもって行ったならば，非常に高い学習効果がねらえることを知るべきである。

　たとえば見学を行う際には，まず下見をして，どこをどのように見学させたらよいのかを綿密に計画することが必要であろう。見学の前には見学を効果的にする知識や視点について事前学習が必要となってくるだろう。見学の際にも場合によっては学習が進んでいない児童の個別・グループ指導といった臨機応変な対応が必要となるだろう。そして見学後も見学させっぱなしではなくどのようにまとめるかが大切である。以上のような見学を行ったならば，教科書に出てくる社会的事象が具体的に理解でき，活きた知識となって身に付く。同時に児童はフィールドワークという生涯にわたって有用な学習技術について学ぶこととなる。

（3）授業実践から学ぶ

　授業実践とは，個々の教師が社会科の目標・内容・学習方法を踏まえた上で，どのように授業を構成したかという足跡である。過去の優れた授業実践を学ぶことは，自分の授業のあり方を検証し，望ましい授業スタイルを探究することである。また授業実践とは，児童が社会科授業の中でどのように学んだかという足跡である。過去の優れた授業実践を学ぶことは児童の学びの可能性を知ることである。

　授業実践を学ぶためには，まず過去の授業記録を読むという方法がある。様々な教師の社会科授業実践が書籍となっているが，多くは絶版となっているので図書館や教育センターの資料室などを利用してほしい。過去の授業記録を

13

読みこなすことは，現役の教師にとっても困難な作業である。とはいえ，優れた授業記録を苦労しながら読み解くことは，授業実践の力を高めるために非常に効果的である。以下に比較的アプローチしやすい社会科授業実践の書籍をあげておく。

有田和正（1985）『社会科の活性化——教室に熱気を！』明治図書。
江口武正（1992）『村の五年生』国土社。
小西正雄（1994）『「提案する社会科」の授業』明治図書。
築地久子（1995）『生きる力をつける授業』黎明書房。
千葉保（1991）『授業——日本はどこへ行く？』太郎次郎社。
　※（　　）内の出版年は授業実践の時期とは無関係である。

次にインターネット上でも様々な授業記録を見ることができる。これらはまた教育委員会の研究組織や公的な研究団体関連の授業記録が多く，比較的最近の授業記録が多い。したがって，現在，学校現場ではどのような授業が行われているのか，どのような授業が望ましいと思われているのかを知るためには適当であろう。

最後に研究授業等で学校現場のナマの授業を見学するという方法がある。これは現場でないと見られない教師の指導の実際や児童の学びの雰囲気・姿に触れることができる。授業の後に事後研究会が行われる場合もある。事後研究会では授業について様々な意見や見解が交流される。その中で自分が気付かなかった視点に気付くこともあるだろう。可能であれば事後研究会も含めて見学してほしい。

引用・参考文献
上田薫編（1974〜77）『社会科教育史資料』東京法令。
北俊夫（2012）『なぜ子どもに社会科を学ばせるのか』文溪堂。
桑原敏典（2004）『小学校社会科改善への提言』日本文教出版。
野村恵祐（2011）『中学受験は社会で合格が決まる』講談社。

第1章 社会科とは何か

（学習の課題）

　社会科とはどのような教科だろうか。その目標，内容，学校教育での位置づけ等に注目しつつ，まとめてみよう。

【さらに学びたい人のための図書】

上田薫（1992）『知られざる教育——抽象への抵抗』黎明書房。
　　⇨上田氏は社会科創設者の一人。社会科とはどのような教科であるのかについての哲学的な語りである。難解だが読み進めば教育観・子ども観が深まる。
門脇厚司（1999）『子どもの社会力』岩波書店。
　　⇨「社会力」とは，人間が社会に積極的に関わり，社会を変えていく力である。本書はこの「社会力」が子どもにとっていかに大切か解き明かす。
スバネリッド，ヨーラン／鈴木賢志・明治大学国際日本学部鈴木ゼミ編訳（2016）『スウェーデンの小学校社会科の教科書を読む』新評論。
　　⇨スウェーデンの小学校社会科教科書本文と内容についての大学生たちの話し合いを収めている。外国の教科書を読めば，社会科とはどのような教科なのかがより鮮明になる。

（中西　仁）

第2章 社会科の歴史①
——昭和22年版～昭和52年版学習指導要領

この章で学ぶこと

「社会科」という教科は，いつ誕生したのだろうか。当初の思想や哲学はどのようなところにあったのだろうか。社会科の授業づくりを考える際に，その原点と変遷を視野に入れることは重要である。本章では，「社会科前史」に始まり，その原点である昭和22年，26年版学習指導要領における社会科（いわゆる「初期社会科」）と，社会的情勢等から大幅にその思想を転換した昭和30年・33年版学習指導要領における社会科，さらには教育の「現代化」「人間化」を目指した昭和43年，52年版学習指導要領における社会科の概要を学習する。また，その変質の議論から当時盛んに活動を展開した民間教育団体の社会科についても，その特徴を学習する。

1 社会科前史

　社会科が誕生したのは，第二次世界大戦後である。戦前にも明治期の直観科の試み，大正デモクラシー期における児童中心主義，児童解放主義的色彩の強い教育，昭和初期に盛んになった生活綴り方運動や郷土教育など，理念や教育方法の面で社会科につながる教育思潮もあったが，それらは教科としては位置づけられていなかった。

　戦中の国民学校令に基づく「国民科」には，修身や歴史（国史）等の科目があった。国民学校令施行規則には，「国民科ハ我ガ国ノ道徳，言語，歴史，国土国勢等ニ付テ習得セシメ特ニ国体の精華ヲ明ニシテ国民精神ヲ涵養シ皇国ノ使命ヲ自覚セシムルヲ以テ要旨トス」と示されていた。つまり，「国民科」は「皇国民の錬成」を目的とし，皇国としての国体を維持するための知識や価値をほぼ一方的に教授していたのである。

第 2 章　社会科の歴史①

　戦後，諸々の反省からこの目的は見直され，「民主主義」を教科原理とした「社会科」が誕生した。「社会科」は，戦後日本の新教育を担う中核的な役割をもった教科として新たに登場したのである。

　2　　社会科の誕生と昭和22年，26年版学習指導要領における社会科

（1）社会科の誕生

　1945（昭和20）年 8 月の終戦後，日本を占領した GHQ（連合国軍最高司令官総司令部）がその後の教育改革にも大きな影響を及ぼした。GHQ は同年10月，「日本教育制度ニ対スル管理政策」によって，日本の教育界から軍国主義，極端な国家主義の排除を指令した。以下は，社会科誕生までの流れをまとめたものである。

・1945年 9 月

　日本政府および文部省により，軍国主義思想の払拭と平和国家建設を目指すとする「新日本建設ノ教育方針」が発表された。

・同年11月

　文部省内に公民教育刷新委員会を独自に設置し，修身に代わる新しい公民教育のあり方の審議を始めた。本委員会は12月に答申を出したが，ここでの公民科構想は，社会生活に基礎をおいて児童生徒の経験や興味・関心，さらには自主性を尊重し，合理的・科学的な思考を育成することを提言している点で，後に成立する社会科と共通性を有していた。

・同年12月

　GHQ により「修身・日本歴史及ビ地理停止ニ関スル件」が出され，これらの授業の停止と教科書の回収がなされた。

・1946（昭和21）年 3 月

　第一次アメリカ教育使節団が軍国主義・国家主義教育の否定と教育の民主化を奨励する報告書を提出し，教育制度・教育行政・教科書等，教育全般の民主化を求めた。第 1 章「日本の教育の目的と内容」において，戦前の修身・歴

17

史・地理のあり方を批判した。そして新教育においては，つめこみ教育，画一主義，および忠孝のような服従に重点を置く教授法を改め，各自に思考の独立や個性の発展，民主的公民としての権利と責任を助長することが必要だと指摘し，教授法の事例としてアメリカの Social Studies を示した。

• 同年5月

　文部省が「新教育指針」を公布し，平和を愛する民主主義国家をつくることを強調したが，その中で「その実現には克服すべき次の五項がある。教育者の任務はとくに大きい」とした。

　1．日本はまだ十分に新しくなりきれず，旧いものがのこっている。

　2．日本国民は人間性・人格・個性を十分に尊重しない。

　3．日本国民は，ひはん的精神にとぼしく権威にもう従しやすい。

　4．日本国民は，合理的精神にとぼしく科学的水準が低い。

　5．日本国民はひとりよがりで，おほらかな態度が少ない。

• 同年11月3日

　日本国憲法が公布され，「民主主義」に基づく国家運営が始まった。三大原則は，「国民主権」「平和主義」「基本的人権の尊重」である。

• 1947（昭和22）年3月

　日本国憲法に基づき，教育基本法が制定された。同日に学校教育法も制定された。学校教育法の次の条項が，社会科の使命と内容を的確に示している。

　第18条

　1．学校内外の社会生活の経験に基き，人間相互の関係について，正しい理解と協同，自主及び自律の精神を養うこと。

　2．郷土及び国家の現状と伝統について，正しい理解に導き，進んで国際協調の精神を養うこと。

　3．日常生活に必要な衣，食，住，産業等について，基礎的な理解と技能を養うこと。

• 同年5月

　GHQ 内に設けられた CIE（民間情報教育局）の指導のもと，公民科に地理や

歴史を包含する性格をもつ社会科についての研究を始めた文部省は，社会科委員会を発足させ，小学校用の「学習指導要領社会科編Ⅰ（試案）」を示した。学校教育法施行規則の公布を経て，社会科は新教科として「教科課程」における位置づけが明らかになり，同年9月から授業が行われることになった。

（2）昭和22年版学習指導要領における社会科

1947（昭和22）年に示された「学習指導要領一般編（試案）」では，新しく設けられた社会科は，「社会生活についての良識と性格とを養うこと」を目的として，「これまでの修身・公民・地理・歴史などの教科の内容を融合して，一体として学ばれなくてはならない」としている。

「社会科編Ⅰ」では，社会科の本質や目的について，以下のように述べている。社会科の実践をする際，原点に立ち戻る意味でも一読しておきたい。

「第1節　社会科とは」の抜粋

ア　今度新しく設けられた社会科の任務は，青少年に社会生活を理解させ，その進展に力を致す態度や能力を養成することである。

イ　社会生活を理解するには，その社会生活の中にあるいろいろな種類の，相互依存の関係を理解することが，最もたいせつである。そして，この相互依存の関係は，見方によっていろいろに分けられるけれども，こゝでは次の三つに分けることができよう。

　　①　人と他の人との関係

　　②　人間と自然環境との関係

　　③　個人と社会制度や施設との関係

キ　（従来の修身・公民・地理・歴史・実業科等の科目）それらの科目は，青少年の社会的経験そのものを発展させることに重点をおかないで，ともすれば倫理学・法律学・経済学・地理学・歴史学等の知識を青少年にのみこませることにきゅうきゅうとしてしまったのである。したがってこれらの科目によって，生徒は社会生活に関する各種の知識を得たけれ

ども，それがひとつに統一されて，実際生活に働くことがなかったのである。いいかえれば，青少年の社会的経験の自然な発達を促進することができなかったのである。

ク　社会科はいわゆる学問の系統によらず，青少年の現実生活の問題を中心として，青少年の社会的経験を広め，また深めようとするものである。したがってそれは，従来の教科の寄せ集めや総合ではない。それゆえに，いままでの修身・公民・地理・歴史の教授のすがたは，もはや社会科の中には見られなくなるのである。

ケ　社会科は，学校・家庭その他の校外にまでも及ぶ，青少年に対する教育活動の中核として生まれて来た，新しい教科なのである。それは青少年の心意活動の特質と現実の生活の全一性とに即して現われて来た教科であり，青少年の生活に希望と生気とを与えるものである。

コ　今後の教育，特に社会科は，民主主義社会の建設にふさわしい社会人を育て上げようとするのであるから，教師はわが国の伝統や国民生活の特質をよくわきまえていると同時に，民主主義社会とはいかなるものであるかということ，すなわち民主主義社会の基底に存する原理について十分な理解を持たなければならない。

　以上のように，新教科としての社会科は，学問的な系統よりも子どもの生活経験の系統が重視され，知識よりも社会生活の進展に寄与できることが重視された。つまり社会科では，生活上の諸問題を解決する力の育成がねらわれていたのである。単元構成は，生命・財産および資源の保護保全，生産・分配・消費といった「社会機能」をスコープとし，家庭・学校・近所・地域社会・国・世界といった子どもの経験領域の同心円的拡大をシークエンスとした。この単元構成は，現在の社会科まで引き継がれている。教育方法は，1948（昭和23）年に出された「小学校社会科学習指導要領補説」が次のように説明している。経験主義に基づく知識・理解，技能，態度の総合的・統一的育成を求めていることがわかる。

一般に小学校の教育方法の原則は，なすことによって学ぶということであります。教室は児童たちの作業場となり，児童たちは自分たちにとって意味のある各種の活動に参加するのであります。そしてそのような活動を通じて，児童たちは知識・技能や態度や理解を得，現在の環境に適応することができ，さらに社会生活を不断に進歩させ，文化をおしすすめるのに必要な能力を身につけます。

（3）昭和26年版学習指導要領における社会科

1951（昭和26）年に学習指導要領の第一次改訂が行われた。昭和22年版の学習指導要領はアメリカのバージニアプラン等を参考にして作成されていたため，必ずしも日本の社会や教育の実状に合っているとはいえなかった。社会科としての性格や内容構成は，基本的に変わっていない。本改訂の要点は，社会科の目標をより簡潔・明確にしたこと，児童の発達特性に合わせて各学年の単元基底例を修正したこと，各単元の基底例のねらいを明確にして指導の観点を示したこと，社会科における評価の観点を示したこと等である。また，本改訂で「教科課程」の用語が「教育課程」と改められ，「一般編」と「各教科編（社会科編）」が小・中・高等学校別に整備された。

昭和22年，26年版学習指導要領は，社会科誕生時の思想や哲学を含んだものとして「初期社会科」と呼ばれている。「初期社会科」は，昭和26年版で完成したといえる。

■昭和26年版学習指導要領　社会科の意義

社会科は，児童に社会生活を正しく理解させ，同時に社会の進展に貢献する態度や能力を身につけさせることを目的とする。すなわち，児童に社会生活を正しく深く理解させ，その中における自己の立場を自覚させることによって，かれらがじぶんたちの社会に正しく適応し，その社会を進歩向上させていくことができるようになることをめざしているのである。

初期社会科の授業構成原理は，「経験主義」「問題解決学習」である。このような「経験主義」「問題解決学習」に基づく社会科では，何よりも子どもたちが生活している地域の実態を明らかにし，地域に根ざしたカリキュラムを創り出すことが要請された。このような要請から，全国で様々な「プラン」が意欲的に創出され実践されていった。「奈良プラン」「川口プラン」などがその一例である。しかし，現場の教師の社会科授業実践に対する戸惑いも大きく，さらには社会科の理念や性格をめぐっても様々な批判や論争がなされた。

（4）初期社会科に関わる批判・論争

　「基礎学力」に関わる当時の批判・論争は，平成10年版学習指導要領における学力低下論争とも似ているので，ここであえて取り上げておく。大杉昭英（2000）は，このことについて以下のようにまとめている。

　　昭和23年頃から26年にかけて，読・書・算など基礎的な能力が戦前と比べて低下しているなど，戦後の新教育に対する批判が行われた。（中略）基礎学力低下の要因は新教育の教育理論の中に内在しているとの批判がなされた。すなわち，新教育は知識用具説を採るプラグマチズムの哲学に基づいた経験主義の教育論に立っている。そのため，生活経験は重視するが，経験の外側にある客観的な知識の系統を軽視するとともに，系統的な知識の習得を軽視している。そしてそのことが基礎学力の低下を招くことになっているという批判であった。（中略）ところで，戦後新教育の中心教科であった社会科に対しても，学習の方向性のない「ごっこ遊び」や「調査活動のまねごと」におわりがちで，基本的なすじの通った知識は得られないなどの批判がなされた。

　ほかにも「子どもの興味に迎合した単なる試行的経験の堆積にとどまっている（教育科学研究会）」「はいまわる経験主義」「大槻・上田論争」「勝田・梅根論争」などの批判や論争により，発足当時の社会科が内包していた問題が明ら

かになった。

　また，1950（昭和25）年に始まった朝鮮戦争を契機として教育の民主化を標榜してきた占領政策は転換期を迎え，翌年のサンフランシスコ講和条約の締結を経て独立国家となったわが国の文教政策も変化していった。それは，愛国心教育の強調と道徳教育（修身）の必要性を訴えたものであり，それと関連して社会科の教科構造を見直そうとする動きもあった。このように，社会情勢や政治姿勢の変化とともに社会科はその性格を変容させていくこととなったのである。

3　社会科の変質と昭和30年・33年版学習指導要領における社会科

　1955（昭和30）年に社会科のみ学習指導要領の改訂がなされ，初期社会科の授業構成原理である「経験主義」「問題解決学習」の考え方は，その思想や哲学を大きく転換させることとなる。また，この改訂に先立ち，文部省は学習指導要領を「試案：教師の手引き」としていたのを改める法的措置を行った上で，改訂学習指導要領では全国的な教育内容画一化（系統化）の布石を敷いた。小学校社会科改訂の要点は，次のとおりである。

①　学習内容において小中学校の一貫性を図る。

②　道徳教育，あるいは地理・歴史・政治・経済・社会の分野の学習が各学年を通して系統的に発達段階に即して行われるようにするために，従来の学年目標を具体化し，基本目標と具体目標を設定する。

③　学年の主題，学習の領域案（従前の基底例にあたる）に工夫を加える。

④　第6学年の修了までには，中学校における地誌的学習の基礎や，わが国の各時代の様子の理解が従来以上に身に付くように配置する。

　このように，講和条約締結後の日本の実状に合っていないとの批判をもとに系統化への方向性が打ち出された。つまり，授業構成原理を「系統主義」「系統学習」に転換したのである。なお，道徳教育については社会科の目標と児童の望ましい生活態度との関連について指摘し，社会科の中での道徳教育という

姿勢は残された。

　昭和30年版学習指導要領で示された方向性をより徹底するため，「道徳」の特設を含めた全面改訂が1958（昭和33）年に行われた。この学習指導要領から「官報告示」の形式を取るようになり，法的拘束性に基づく国家基準としての性格をもつようになる。小学校社会科の目標には，「郷土や国土に対する愛情を養う」「先人の業績やすぐれた文化遺産を尊重する態度，正しい国民的自覚をもって国家や社会の発展に尽そうとする態度を養う」等の文言が登場し，国民的自覚や愛国心の強調という方向性が打ち出された。また中学校社会科では分野制をとることが原則となり，内容的には地理・歴史等の系統学習の傾向がさらに強められた。先にも述べた「道徳」の特設により，道徳教育において重要な位置を占めてきた社会科の役割は大幅に後退した。

　■昭和33年版学習指導要領　社会科の目標
　第1　目標
　1　具体的な社会生活の経験を通じて，自他の人格の尊重が民主的な社会
　　生活の基本であることを理解させ，自主的，自律的な生活態度を養う。
　2　家庭・学校・市町村・国その他いろいろな社会集団につき，集団における人と人との相互関係や，集団と個人，集団と集団との関係について理解させ，社会生活に適応し，これを改善していく態度や能力，国際協調の精神などを養う。
　3　生産・消費・交通その他重要な社会機能やその相互の関係について基本的なことがらを理解させ，進んで社会的な協同活動に参加しようとする態度や能力を養う。
　4　人間生活が自然環境と密接な関係をもち，それぞれの地域によって特色ある姿で営まれていることを，衣食住等の日常生活との関連において理解させ，これをもとに自然環境に対応した生活のくふうをしようとする態度，郷土や国土に対する愛情などを養う。
　5　人々の生活様式や社会的な制度・文化などのもつ意味と，それらが歴

史的に形成されてきたことを考えさせ，先人の業績やすぐれた文化遺産を尊重する態度，正しい国民的自覚をもって国家や社会の発展に尽そうとする態度などを養う。

　昭和33年版学習指導要領は，「第1　目標」「第2　各学年の目標および内容」「第3　指導計画作成および学習指導の方針」の項目に整理され，現在の学習指導要領とほぼ同様の形となっている。

　4　昭和43年，52年版学習指導要領における社会科
——教育の「現代化」から「人間化」へ

（1）昭和43年版学習指導要領における社会科

　1957（昭和32）年のソビエト連邦による人工衛星スプートニクの打ち上げは，アメリカに衝撃を与え（スプートニクショック），科学主義・学問中心カリキュラムによって教育内容を編成するという教育の「現代化運動」をもたらした。この運動はその後，「人間疎外」という弊害を生み，人間主義，人間中心カリキュラムによって教育を改革するという教育の「人間化運動」へと移行した。

　昭和30年代の高度経済成長によって，わが国の社会・経済状況や国際社会における位置づけは大きく変化した。経済界からは経済発展や技術革新に対応できる人材の育成が求められ，1966（昭和41）年には中央教育審議会より，望ましい国民性をもった日本人を育成するという「期待される人間像」が出された。これらの要望は主として中等教育に対して出されたものであったが，これと連動する方向で，1968（昭和43）年に小学校の学習指導要領も改訂された。この改訂の特徴をひと言でいえば，「望ましい人間形成の上から調和と統一のある教育課程の実現を図った」ということであろう。翌年に出された「小学校指導書社会編」を参考とすると，小学校社会科改訂の要点は次の3点といえる。なお，現在の学習指導要領も基本的にはこの改訂の流れを受けている。

　①　国家・社会における「公民的資質の基礎を養う」という目標が明確化さ

れた。一般的に，「公民的資質」とは民主主義社会の担い手としての能力である「市民性（citizenship）」の訳語であるといわれている。したがって，「公民的資質」とは民主主義社会における自律的で責任ある意思決定の主体としての資質と説明できる。

② 内容の精選と能力の育成が重視された。網羅的な知識の記憶に陥っていた社会科授業の弊害の除去と社会生活の複雑化・高度化という事態を受けて，学習する内容量ではなく，社会の基本的なことがらを考え理解するために必要な基礎的能力の育成をねらった。

③ 歴史に関する学習が改善された。史実の量を追い抽象的な歴史的因果関係の把握に陥りやすい歴史学習のあり方を改め，歴史上の人物の働きや文化遺産を中心として歴史的な意味や理解を深めることが標榜された。また，古代の人々の見方や考え方を示す文化的・精神的な所産としての日本の神話や伝承も登場することとなった。

■昭和43年版学習指導要領　社会科の目標
第1　目標
　社会生活についての正しい理解を深め，民主的な国家，社会の成員として必要な<u>公民的資質の基礎を養う</u>（下線部：筆者）。
このため

1　家庭の役割，社会および国家のはたらきなどそれぞれの特質を具体的な社会機能と結びつけて正しく理解させ，家庭，社会および国家に対する愛情を育てるとともに，自他の人格の尊重が民主的な社会生活の基本であることを自覚させる。

2　さまざまな地域にみられる人間生活と自然環境との密接な関係，自然に対する積極的なはたらきかけの重要性などについて理解させ，郷土や国土に対する愛情，国際理解の基礎などを養う。

3　われわれの生活や日本の文化，伝統などはすべて歴史的に形成されてきたものであることを理解させ，わが国の歴史や伝統に対する理解と愛

情を深め，正しい国民的自覚をもって国家や社会の発展に尽くそうとする態度を育てる。

4　社会生活を正しく理解するための基礎的資料を活用する能力や社会事象を観察したりその意味について考える能力をのばし，正しい社会的判断力の基礎を養う。

　知識の量ではなく，生涯にわたって学び続けていく力を育てる「学び方を学ぶ」という観点から，教育課程と教育方法の開発が試みられたのもこの時期である。とくに注目されたのは J. ブルーナーの「発見学習」である。ブルーナーは『教育の過程』(1960) においてそれを提唱した。ブルーナーは根幹となる原理的な知識を科学者の原発見の過程をある程度単純化して子どもたちに辿らせることにより，質の高い知識をその獲得の仕方とともに学ぶことができると主張した。

　社会科においては，内容について何が根幹となる知識で何が枝葉末節となる知識であるかを明確にしようとする教材内容の「構造化」が提唱された。すなわち，根幹となる原理的知識を発見的・探究的な方法によって学ばせることによって，枝葉末節的な部分は覚えていなくても原理的知識を用いて必要に応じて理解でき，学校卒業後も知識の量的・質的変化に対応して自ら新しい知識を習得できると考えられたのである。

(2) 昭和52年版学習指導要領における社会科

　昭和40年代にみられた経済成長の引き続きの進展と社会状況の変化，具体的には高等学校の進学率の上昇・入試の激化・「落ちこぼれ」などの社会問題化といった事態を受けて，文部省は教育課程審議会に「小学校・中学校及び高等学校の教育課程の改善について」の諮問を行った。同審議会は，その答申 (1976 (昭和51) 年) において，以下3点の改善の基本方針を示した。

①　人間性豊かな児童生徒の育成

②　ゆとりあるしかも充実した学校生活

③　国民として必要とされる基礎的・基本的な内容の重視と，児童生徒の個
　性・能力に応じた教育

　これは，教育の「現代化」に対して教育の「人間化」を唱えるものであり，
過密といわれてきた教育課程の見直しを図ったものであった。また，社会科の
改善については，内容の精選とともに「人間尊重」の立場を基本とし，当時の
社会状況から「環境や資源」についての正しい認識を育てること，「国際理解」
を深めること等があげられた。この答申を受けて，1977（昭和52）年に学習指
導要領の改訂がなされたのである。

　この改訂について「小学校指導書社会編」では，「知識伝達に偏る傾向にあ
る学校教育の現状を改め，自ら考え正しく判断できる力を養う教育への転換を
図って」いくことを求めている。これは，先にも述べた進学率の上昇と入試の
激化による入学試験のテクニック的な知識の暗記が小中学校の授業においても
なされていた現状の改善を目指したものであるといえる。

　なお，この改訂によって示された目標から内容的なものは各学年にまわし，
シンプルな表現になっている。この目標は，概ね現在の学習指導要領まで引き
継がれている。

■昭和52年版学習指導要領　社会科の目標
第1　目標
　社会生活についての基礎的理解を図り，我が国の国土と歴史に対する理
解と愛情を育て，民主的，平和的な国家・社会の形成者として必要な公民
的資質の基礎を養う。

　以上のように，社会科は学習指導要領の変遷により様々にその性格を変えて
きたが，授業構成原理を視点として見ると，それは次のようにまとめることが
できる。

第2章　社会科の歴史①

○昭和22年，26年版学習指導要領
　　経験主義　問題解決学習
○昭和30年・33年版学習指導要領
　　系統主義　系統学習
○昭和43年，52年版学習指導要領
　　系統主義　系統学習　を残しつつ，思想や理念を転換へ。

5　民間教育団体における社会科

（1）社会科の初志をつらぬく会

　誕生時の社会科の理念である経験主義・社会科の考え方，とくにその完成形である昭和26年版学習指導要領の考え方を守り，発展させようとする民間教育団体である。系統主義に転換した1958（昭和33）年の小中学校学習指導要領改訂の告示に先立ち，改訂のたびに社会科誕生時の精神が弱められていくことを憂い，初期社会科の成立に関与した長坂端午・重松鷹泰・上田薫・大野連太郎の4氏を中心に結成した。本会は「注入主義」を徹底的に批判し，一貫して「子どもたちの切実な問題解決を核心とする学習指導によってこそ，新しい社会を創造する力をもつ人間が育つ」（綱領）との立場であり，現在も活動を継続している。上田によって提唱された認識形成論である「動的相対主義」を理論的支柱とする。主な実践には，長岡文雄「寄り合い」等がある。

（2）教育科学研究会（社会科部会）

　「教科研」に社会科部会が誕生したのは1963（昭和38）年である。この部会は，「科学的認識を育てるために，社会科学の論理性と子どもの認識の発達に即した社会科学教育の系統をうちたてること」という考え方に立つ。科学の基礎を系統的に順序立てて教授しなければ，子どもの科学的な社会認識は育たないとする系統学習論の立場から，社会科学科としての社会科確立を主張し，社会科研究の基本的視点を「教育と科学の結合」においたのである。そして，本部会

が1966（昭和41）年に発表した「社会科教育の体系」が，この立場の教科課程の例としてあげられる。主な会員としては，勝田守一・柴田義松・大槻健・斎藤喜博等がいる。

　ほかにも「日本生活教育連盟」「歴史教育者協議会」などが，戦後の社会科の思想や哲学（「経験主義か」「系統主義か」，社会科は何を目指すべきか，社会科はどうあるべきか），またそれに基づく実践のありようを検討する民間教育団体として組織され，教育研究活動を盛んにしていった。

引用・参考文献

大杉昭英（2000）「基礎学力低下論」森分孝治・片上宗二編『社会科重要用語300の基礎知識』明治図書。

大森照夫・佐島群巳・次山信男・藤岡信勝・谷川彰英編（1986）『新訂 社会科教育指導用語辞典』教育出版。

木村博一（2006）『日本社会科の成立理念とカリキュラム構造』風間書房。

小林隆（2006）『社会科教育の基礎』佛教大学通信教育部。

小原友行（1998）『初期社会科授業論の展開』風間書房。

長岡文雄（1993）『社会科概論』佛教大学通信教育部。

中村哲（1991）『社会科授業実践の規則性に関する研究』清水書院。

中村哲（1996）『社会科授業に関する体型枠の構築と事例研究』風間書房。

国立教育政策研究所ホームページ（www.nier.go.jp/guideline/ 2018年2月20日アクセス）。

学習の課題

(1) 昭和22年，26年版学習指導要領における社会科の性格を説明しよう。

(2) 昭和30年・33年版学習指導要領における社会科の性格を説明しよう。

(3) 昭和43年，52年版学習指導要領における社会科の性格を説明しよう。

(4) 社会科の思想や哲学に関する論争について説明しよう。

【さらに学びたい人のための図書】

森分孝治・片上宗二編（2000）『社会科重要用語300の基礎知識』明治図書。

　　⇨本章で学んだ内容に関連し，簡潔にまとめられている。とくに「Ⅰ 社会科の性格」「Ⅱ 社会科の歴史」は参考になる。

（小林　隆）

第3章	社会科の歴史②
	——平成元年版〜平成20年版学習指導要領

この章で学ぶこと

「社会科」は，アメリカの Social Studies を参考として発足したことを前章にて学んだ。その思想の原点は J. デューイにあり，経験主義・問題解決学習を基本原理としていた。その後，社会情勢の変化等により，系統主義・系統学習を基本原理とする学習指導要領に変容していった。本章では，いわゆる「ゆとり」へと到達する平成元年版学習指導要領における社会科，平成10年版学習指導要領における社会科の概要を学習する。これらの社会科は「新しい学力観」や「生きる力」に基づくことでも特徴づけられる。

また，「ゆとりでも詰め込みでもない」バランスを模索した平成20年版学習指導要領における社会科についても，その概要を学習する。

1 「新しい学力観」と平成元年版学習指導要領における社会科

教育課程審議会は，1987（昭和62）年の答申において，「今日の科学技術の進歩と経済の発展は，物質的な豊かさを生むとともに，情報化，国際化，価値観の多様化，核家族化，高齢化など，社会の各方面に大きな変化をもたらすに至った」と指摘し，この変化が子どもたちの生活や意識に深い影響を与えているとの問題意識に立って，教育課程の基準の改善方針として以下の4つをあげた。

① 豊かな心をもち，たくましく生きる人間の育成を図ること。

② 自ら学ぶ意欲と社会の変化に主体的に対応できる能力の育成を重視すること。

③ 国民として必要とされる基礎的・基本的な内容を重視し，個性を生かす

31

教育の充実を図ること。

④　国際理解を深め，我が国の文化と伝統を尊重する態度の育成を重視すること。

　この答申を受けて，1989（平成元）年3月15日に学校教育法施行規則の一部を改正するとともに，小学校学習指導要領を全面的に改訂した。この改訂では，生涯学習の基盤を培うという観点に立ち，変化の激しい社会の変化に自ら対応できる心豊かな人間の育成を図ることを基本的なねらいとした。そこで掲げられたのが，「新しい学力観」である。当時，文部省はその意味を「自ら学ぶ意欲や，思考力・判断力・表現力などを基本とする学力観」と説明している。この「新しい学力観」は改善を重ね，考え方は現在まで踏襲されている。

　また，このような流れの中で社会科は大きな変革を迎えた。高等学校の社会科が解体・再編成され，「地理歴史科」と「公民科」になり，小学校低学年の社会科と理科が廃止され，「生活科」が新設されたのである。このような教育課程の大幅な改編は，社会科が誕生して以来，初めてのことであり，昭和30年・33年版学習指導要領によって社会科の性格が大きく変容したことと並ぶ，歴史的な大転換であった。では，なぜ小学校低学年の社会科と理科が廃止され，生活科が新設されたのか。教育課程審議会の1987（昭和62）年答申は，次のように述べている。

　　　低学年については，生活や学習の基礎的な能力や態度などの育成を重視し，低学年児童の心身の発達状況に即した学習指導ができるようにする観点から，新教科としての生活科を設定し，体験的な学習を通して総合的な指導を一層推進するのが適当である。

　このように，従前の低学年社会科の実状が「知識の伝達」に陥る傾向にあったということや，昭和52年版学習指導要領で強調された低学年での合科的な指導が成果をあげていなかったことなどを背景にして改善が求められたのである。ちなみに「小学校指導書生活編」には，「生活科が求める四つの視点」として，

以下の点が示されている。

① 具体的な活動や体験を通すこと
② 自分と身近な社会と自然とのかかわりに関心を持つこと
③ 自分自身や自分の生活について考えること
④ 活上必要な習慣や技能を身に付けること

以上のような考え方からもわかるように，社会科においても「知識の伝達」「知識の注入」にあった授業実態の改善を目指して，改めて経験主義・問題解決的な学習に基づく授業構成理論に舵を切ったのである。

小学校社会科の「改善の基本方針」には，次のように述べられている。

(ア) 小学校，中学校及び高等学校を通じて，国際化の進展などの社会の変化や児童生徒の発達段階を考慮し，民主的で平和的，文化的な国家・社会の発展に努め，人類の福祉と国際社会の平和に貢献できる日本人として必要な資質を養うことを一層重視するとともに，総合的な学習から次第に専門的，系統的な学習へと発展するよう内容の再編成を行う。

(イ) 我が国の文化と伝統及び世界と日本とのかかわりについて理解を深め，世界の中の日本人としての自覚と責任を涵養するよう配慮する。また，小学校，中学校及び高等学校を通じて学習内容が重複したり，知識中心の学習に偏ったりしないよう留意しつつ，内容の精選を行うことも各学校段階間の内容の関連を図るよう配慮する。

(ウ) 小学校においては，生活科との関連や国際化，産業構造の変化などの社会の変化を考慮して内容の改善を図る。

(エ) 学習指導要領における内容の示し方については，学習の実態などに配慮し，教科のねらいを一層有効に達成することができるよう内容の程度，範囲及びその取扱いが明確になるようにする。

以上の基本方針を受けた本改訂における小学校社会科の特徴は，「国際化」に基づく「目標」「内容」「内容の取扱い」の改訂と歴史学習における42人の人

物の例示である。「目標」に「国際社会に生きる」が加えられ，第3学年の「内容の取扱い」には，自分の生活している地域が「外国ともかかわりがあることに気付かせるように配慮する」と述べられた。また，42人の人物の例示により小学校における歴史学習の特色が明確になった。従来から，歴史学習については網羅的な通史学習にならないように，文化遺産や人物を教材として取り上げて指導することが述べられてきた。人物を通しての学習を強調することによって，小学校の歴史学習においては，児童の興味・関心を生かした具体的教材を用いるという特色がさらに明確になった。

　この改訂は，「日の丸，君が代」や「天皇」についても踏み込んだ記述となっている。第6学年の「内容の取扱い」に「我が国の国旗と国歌の意義を理解させ，これを尊重する態度を育てる」「天皇についての理解と敬愛の念を深めるようにすること」との記述が見られる。

■平成元年版学習指導要領　社会科の目標
第1　　目標
　　社会生活についての理解を図り，我が国の国土と歴史に対する理解と愛情を育て，国際社会に生きる民主的，平和的な国家・社会の形成者として必要な公民的資質の基礎を養う（下線部：筆者，以下同）。

以上のように，平成元年版学習指導要領における社会科のキーワードは，
① 　国際化，情報化
② 　生涯学習社会
③ 　「新しい学力観」
④ 　自ら学ぶ意欲
⑤ 　体験的な学習や問題解決的な学習
⑥ 　教育内容の精選
である。現在の社会科学習指導につながる，重要な考え方を含んでいることがわかる。この考え方は，平成10年版学習指導要領にも引き継がれている。

第3章　社会科の歴史②

2　「ゆとり」を標榜した平成10年版学習指導要領における社会科

　平成10年版学習指導要領は，一般的に「ゆとり」の考え方の基づいていると解釈されている。

　1996（平成8）年の「21世紀を展望した我が国の教育の在り方について」の第一次答申は，21世紀社会を展望し，わが国の教育について，「ゆとり」の中で「生きる力」を育むことを重視することを提言した。同答申は，「生きる力」を次のように説明している。

①　いかに社会が変化しようと，自分で課題を見つけ，自ら学び，自ら考え，主体的に判断し，行動し，よりよく問題を解決する資質や能力

②　自らを律しつつ，他人とともに協調し，他人を思いやる心や感動する心など，豊かな人間性

③　たくましく生きるための健康や体力

　また，同答申は「ゆとり」の中で「生きる力」を育む観点から，完全学校5日制の導入を提言するとともに，そのねらいを実現するためには教育内容のさらなる厳選が是非とも必要であるとしている。そこで，文部省は教育課程審議会に「幼稚園，小学校，中学校，高等学校，盲学校，聾学校及び養護学校の教育課程の基準の改善について」の諮問を行い，1998（平成10）年7月に答申を受けた。同答申は，次の点に留意して教育課程の基準の改善を図ることを提言している。

①　豊かな人間性や社会性，国際社会に生きる日本人としての自覚の育成を重視すること。

②　多くの知識を一方的に教え込む教育を転換し，子どもたちの自ら学び自ら考える力の育成を重視すること。

③　ゆとりある教育活動を展開する中で，基礎・基本の確実な定着を図り，個性を生かす教育の充実を図ること。

④　各学校が創意工夫を生かし特色ある教育，特色ある学校づくりを進める

こと。

　この答申を受けて，1998（平成10）年12月14日に学校教育法の一部を改正するとともに，小学校学習指導要領を全面的に改訂した。なお，その理念を達成する象徴的な領域として，教科横断的・総合的な指導を推進する「総合的な学習」が導入された。社会科・地理歴史科・公民科改善の基本方針には，次のように述べられている。

　(ア)　小学校，中学校及び高等学校を通じて，日本や世界の諸事象に関心を持って多面的に考察し，公正に判断する能力や態度，我が国の国土や歴史に対する理解と愛情，国際協力・国際協調の精神など，日本人としての自覚をもち，国際社会の中で主体的に生きる資質や能力を育成することを重視して内容の改善を図る。

　(イ)　児童生徒の発達段階を踏まえ，各学校段階の特色を一層明確にして内容の重点化を図る。また，網羅的で知識偏重の学習にならないようにするとともに，社会の変化に自ら対応する能力や態度を育成する観点から，基礎的・基本的な内容に厳選し，学び方や調べ方の学習，作業的，体験的な学習や問題解決的な学習など児童生徒の主体的な学習を一層重視する。

　上記(イ)の「網羅的で知識偏重の学習にならないようにするとともに，社会の変化に自ら対応する能力や態度を育成する観点から，基礎的・基本的な内容に厳選し，学び方や調べ方の学習，作業的，体験的な学習や問題解決的な学習など，児童生徒の主体的な学習を一層重視する」に着目したい。

　平成元年版学習指導要領において，「新しい学力観」や「体験的な学習や問題解決的な学習」が求められてもなお学校教育現場に残っていた，いわゆる「覚える授業」や，社会の表面的な出来事や事柄を調べて・まとめて・発表する，いわゆる「活動主義に基づく授業」から，一人ひとりが観察・調査・体験・表現などの具体的活動を通して，社会的事象の意味や働き・社会の仕組み

や因果関係などを考えたり自分の意見を述べたりする，本質的な「問題解決的な学習」への改善が求められている。

この「網羅的で平板な知識」「社会の表面上の知識」の学習にならないように，社会科教育界（とくに広島大学や兵庫教育大学を中心として）では1980年代からこの時期にかけて，盛んに「知識の構造化」が研究されてきた。その成果は，今日の社会科授業づくりに大きな参考になる。詳しくは，本書の第6章に示す。

小学校社会科の目標は，平成元年版学習指導要領と変わっていない。

■平成10年版学習指導要領　社会科の目標

第1　　目標

　　社会生活についての理解を図り，我が国の国土と歴史に対する理解と愛情を育て，国際社会に生きる民主的，平和的な国家・社会の形成者として必要な公民的資質の基礎を養う。

ただ，「内容」は次のように改善された。

①　地域学習の改善（第3，4学年）

各学校が2年間を見通して，地域の実態に応じて内容の順序や教材の選定等を工夫するなど，地域に密着した学習がいっそう弾力的に展開できるように，2年間分の内容をまとめて示し，再構成した。

②　産業と国土の学習の改善（第5学年）

社会事象を調査したり各種の資料を活用したりして，学習がいっそう具体的に展開できるよう，内容の再構成を図った。

③　歴史学習の改善（第6学年）

人物の働きや代表的な文化遺産を中心とした，小学校らしい歴史学習がいっそう充実するよう改善を図った。

④　政治学習の改善（第6学年）

抽象的な学習にならないように，身近な公共施設の建設，地域の開発，災害復旧の取組みなどの具体的事例を通して学習し，政治の働きとわが国の政治の

考え方について，より具体的に理解できるようにした。

⑤　国際理解に関する学習の改善

第6学年では，国際交流や国際連合の動きに加えて国際協力の様子を扱い，具体的事例を通して学習するようにし，外国の人々とともに生きていくためには異なる文化や習慣を理解し合うことが大切であることや，平和の大切さとわが国が世界において重要な役割を果たしていることが考えられるようにした。第4学年および第6学年に加えて，第5学年でもわが国や諸外国の国旗を扱うようにした。

○平成15年　学習指導要領一部改訂

平成10年版学習指導要領の一部改訂が，2003（平成15）年12月に行われた。学習指導要領が2002（平成14）年に全面実施されたことを考えると，この一部改訂は異例のものであった。この背景には，いわゆる「学力低下」との指摘が各界でなされたことや，「小・中学校教育課程実施状況調査」等の全国的な調査，OECD の学習到達度調査（PISA），国際数学・理科教育動向調査（TMISS）などで様々な問題点が明らかになってきたことがある。確かに学校教育現場では学習指導要領の実施をめぐって，とくに各教科の指導法や「総合的な学習の時間」の実践の面で混乱がおきていた。社会科では，「総合的な学習」との差異が曖昧になるなどの混乱がみられた。このような状況を踏まえ，いま一度「生きる力」「確かな学力」をキーワードとして平成10年版学習指導要領の方向性が明確にされたのである。各教科についてはとくに変化はないが，「学習指導要領に示しているすべての児童生徒に指導する内容等を確実に指導した上で，児童生徒の実態を踏まえ，学習指導要領に示していない内容を加えて指導することができる」と示されているように，学習指導要領は「歯止め」ではなく，最低基準と解釈された。

第3章　社会科の歴史②

3　「ゆとりでも詰め込みでもない」バランスを模索した 平成20年版学習指導要領における社会科

　本改訂の大きな方向性については，文部科学省が2010（平成22）年に作成した「保護者用パンフレット」の記載が非常にわかりやすい。まずは，その記述を順に追って示す。

　□学校・家庭・地域が力をあわせ，社会全体で，子どもたちの「生きる力」をはぐくむために〜新学習指導要領スタート〜
　□日本の子どもたちは，基礎的な知識・技能は身に付いているものの，知識・技能を実生活の場面に活用する力に課題があります。
　□OECD 生徒の学習到達度調査（PISA）の結果から読解力や記述式の問題に課題があります。
　□IEA 国際数学・理科教育動向調査（TMISS）の結果から小学生に比べると，中学生の数学・理科に関する興味・関心が低い水準です。
　□平成20年（2008年）3月，文部科学省は小・中学校の学習指導要領を改訂しました。新しい学習指導要領は，子どもたちの現状をふまえ，「生きる力」をはぐくむという理念のもと，知識や技能の習得とともに思考力・判断力・表現力などの育成を重視しています。（中略）これからの教育は，「ゆとり」でも，「詰め込み」でもありません。

「ゆとり」か「詰め込み」かではなく，基礎的・基本的な知識・技能の習得と思考力・判断力・表現力等の育成との両方が必要です。

　□それぞれの力をバランスよくのばしていくために，教科等の授業時数を増加し，教育内容を改善します。

以上の基本的事項を押さえた上で，中央教育審議会答申から学習指導要領の

39

改訂までをみていきたい。

　中央教育審議会は，2008（平成20）年1月17日，「幼稚園，小学校，中学校，高等学校及び特別支援学校の学習指導要領等の改善について」の答申を出した。

　「1．教育の目的とこれまでの学習指導要領改訂」では，教育基本法第1条にある教育の目的，「人格の完成を目指し，平和で民主的な国家及び社会の形成者として必要な資質を備えた心身ともに健康な国民の育成」を確認した上で，昭和22年版からの学習指導要領の考え方の総括を行っている。そして，その時代ごとに「社会の変化」や「子どもの現状」を踏まえて，教育の目的の実現を図るべく学習指導要領の改善を図ってきたと述べている。そして，現在や今後の社会を「知識基盤社会」と位置づけ，そのような中で求められる資質や能力を整理し，学習指導要領の改訂の方向性を次のように示している。

① 「生きる力」という理念の共有
② 基礎的・基本的な知識・技能の習得
③ 思考力・判断力・表現力等の育成
④ 確かな学力を確立するために必要な授業時数の確保
⑤ 学習意欲の向上や学習習慣の確立
⑥ 豊かな心や健やかな体の育成のための指導の充実

　このような方向性に基づいて，小学校および中学校の社会科，高等学校地理歴史科・公民科の改訂の基本方針が，以下のように示された。

　(ア) 社会科，地理歴史科，公民科においては，その課題を踏まえ，小学校，中学校及び高等学校を通じて，社会的事象に関心をもって多面的・多角的に考察し，公正に判断する能力と態度を養い，社会的な見方や考え方を成長させることを一層重視する方向で改善を図る。

　(イ) 社会的事象に関する基礎的・基本的な知識，概念や技能を確実に習得させ，それらを活用する力や課題を探究する力を育成する観点から，各学校段階の特質に応じて，習得すべき知識，概念の明確化を図るとともに，コンピュータなども活用しながら，地図や統計など各種の資料から

必要な情報を集めて読み取ること，社会的事象の意味，意義を解釈すること，事象の特色や事象間の関連を説明すること，自分の考えを論述することを一層重視する方向で改善を図る。

㈦　我が国及び世界の成り立ちや地域構成，今日の社会経済システム，様々な伝統や文化，宗教についての理解を通して，我が国の国土や歴史に対する愛情をはぐくみ，日本人としての自覚をもって国際社会で主体的に生きるとともに，持続可能な社会の実現を目指すなど，公共的な事柄に自ら参画していく資質や能力を育成することを重視する方向で改善を図る。

　この中でとくに着目すべきは，「社会的事象の意味，意義を解釈すること，事象の特色や事象間の関連を説明すること」，つまり知識の習得にとどまらない「概念獲得」と，「持続可能な社会の実現を目指すなど，公共的な事柄に自ら参画していく資質や能力を育成すること」，つまり社会参画のための「意思決定」を明確化しているところであろう。

　小学校社会科の改善の基本方針でも，作業的，体験的な学習や問題解決的な学習のいっそうの充実に基づいて，「概念獲得」と「意思決定」の重要性を示している。具体的には，次の2点にまとめられる。

- 読み取ったりしたことを的確に記録し，比較・関連づけ・総合しながら再構成する学習（知識を構造化し構成する能力の育成・概念の明確化）
- 考えたことを自分の言葉でまとめ，伝え合うことにより，お互いの考えを深めていく学習（言語による表現活動の展開・協働思考・意思決定）

　これは，本質的な「問題解決的な学習」を展開することによって，社会科本来の目標に達することができることを示している。

　小学校社会科の目標は，平成10年版学習指導要領と大きく変わっていない。

■平成20年版学習指導要領　社会科の目標

第1　　目標

　　社会生活についての理解を図り，我が国の国土と歴史に対する理解と愛
　情を育て，国際社会に生きる平和で民主的な国家・社会の形成者として
　必要な公民的資質の基礎を養う。

　各学年の目標の構造と内容構成も，平成10年版学習指導要領と大きく変わっ
ていない。
　以上，平成20年版学習指導要領の特徴をまとめると，目標や内容構成等の変
化よりも，これまで振り子が振れていた「経験主義・問題解決学習」（いわゆる
「ゆとり」）と「系統主義・系統学習」（いわゆる「詰め込み」）の論争に終止符を
打ち，社会認識形成の本質に迫る授業構成理論を示そうとしているところに評
価点を見出すことができる。

4　学習指導要領の変遷の振り返り

　本書の第2章と第3章を通して，社会科の誕生と学習指導要領の変遷を述べ
てきた。ここで，その要点を簡単にまとめておきたい。

○社会科前史

- 直観科（明治期），児童中心主義（大正期），生活綴り方や郷土教育（昭和期）。
- 「国民科：修身・歴史（国史）」　キーワードは「皇国民の錬成」。
- 皇国としての国体を維持するための知識や価値を，ほぼ一方的に教授。

○昭和22年版

- アメリカの Social Studies を参考とする。理論的背景は J. デューイ。
- 新教育はつめこみ主義，画一主義，および忠孝のような服従に重点を置く
  教授法を改め，各自に思考の独立や個性の発展，民主的公民としての権利
  と責任を助長することが必要。
- 学問的な系統よりも児童の生活経験の系統を重視。

・経験主義，問題解決学習を授業構成理論とする。

○昭和26年版

- 前回の不備を補う。
- 社会科の目標や各学年の単元基底列を修正。
- 「初期社会科」の完成。
- 地域に根ざしたカリキュラム。「奈良プラン」「川口プラン」など。
- 経験主義，問題解決学習を授業構成理論とする。
- 「基礎学力の低下」「はいまわる経験主義」などの批判。

○昭和30年版

- 社会科のみの改訂。
- 学習内容の一貫性，系統化を図る。
- 系統主義，系統学習への転換。

○昭和33年版

- 「官報告示」＝法的拘束力をもつようになる。
- 「道徳」の特設。
- 「郷土や国土に対する愛情を養う」「正しい国民的自覚を養う」。
- 中学校の分野制。
- 系統主義，系統学習の性格が強められた。

○昭和43年版

- 「公民的資質の基礎を養う」という目標が明確化された。
- 望ましい人間形成の上から調和と統一。
- 「発見学習」(J. ブルーナー)，教材内容の「構造化」運動。
- 系統主義，系統学習の性格を残しつつ，授業構成理論に工夫が加えられる。

○昭和52年版

- 教育の「人間化」を目指す。
- 「ゆとり」を強調し，授業時間の削減・教育内容の「精選」。
- 学習観の転換を図りつつある。

○平成元年版

- 「新しい学力観」。
- 基礎的，基本的な内容を重視し，教育内容をさらに「精選」。
- 小学校低学年の社会科，理科を廃止し，「生活科」新設。
- 高等学校で社会科を廃止し，「地理歴史科」「公民科」新設。
- 再び，経験主義，問題解決学習を授業構成理論とする。

○平成10年版

- 「ゆとり」の中で「生きる力」を育む。「豊かな人間性」。
- 授業時数を縮減，教育内容の「厳選」。
- 「総合的な学習」を新設。
- 自ら学び，自ら考える力の育成。
- 経験主義，問題解決学習を授業構成理論とするも，「学力低下」の批判。

○平成20年版

> 「ゆとり」か「詰め込み」かではなく，基礎的・基本的な知識・技能の習得と思考力・判断力・表現力等の育成との両方が必要です。

- 「生きる力」という理念の共有。
- 言語活動の充実，協働思考を通して概念や意思を再構成。
- 授業構成理論の論争に終止符を打ち，社会認識形成の本質に迫る。

引用・参考文献

小林隆（2006）『社会科教育の基礎』佛教大学通信教育部。
長岡文雄（1993）『社会科概論』佛教大学通信教育部。
国立教育政策研究所ホームページ（www.nier.go.jp/guideline/ 2018年 2 月20日アクセス）。

第3章　社会科の歴史②

学習の課題

(1)　平成元年版学習指導要領における社会科の性格を説明しよう。

(2)　平成10年版学習指導要領における社会科の性格を説明しよう。

(3)　平成20年版学習指導要領における社会科の性格を説明しよう。

(4)　現在に至るまでの学習指導要領の変遷の概要を説明しよう。

【さらに学びたい人のための図書】

森分孝治・片上宗二編（2000）『社会科重要用語300の基礎知識』明治図書。
　　⇨本章で学んだ内容に関連し，簡潔にまとめている。

（小林　隆）

第4章 社会科の歴史③
——平成29年版学習指導要領

この章で学ぶこと

　前章までで，学習指導要領の変遷と，それぞれの時代の学習指導要領における社会科の特徴を学習してきた。

　本章では，国立教育政策研究所が発表した「21世紀型能力」（2013（平成25）年3月）と文部科学省中央教育審議会答申（2016（平成28）年12月）に基づいて学習指導要領改訂の方向性を整理した後，平成29年版学習指導要領における社会科の概要と特徴を学習する。

1 「21世紀型能力」

　教育に関する基礎的研究・調査を行う文部科学大臣所轄の機関である国立教育政策研究所は，2013（平成25）年，「教育課程の編成に関する基礎的研究報告」として「社会の変化に対応する資質や能力を育成する教育課程編成の基本原理」を発表した。その中で，今後の社会の変化に対応するために「21世紀型能力」（図4-1）が必要になると提言し，「生きる力」との関係も含めてその内容を説明している。新学習指導要領は，基本的にこの考え方に基づいている。以下に，本報告の要約と考察を述べる。

　「知識基盤社会」「多文化共生社会」「高度な情報化社会」がますます進む21世紀では，これまでのような「何を知っているか」という学力観から「実生活や実社会においていかに知識や技能を活用して問題が解決できるか」という学力観への転換が求められる。言い換えれば，インプット型の学力観からアウトプット型の学力観への意識変革が求められている。また「21世紀型能力」は，「生きる力」（確かな学力・豊かな人間性・健康や体力）として必要な資質・能力を

より明確に定めており，教育課程（教育目標・教育内容）編成の方向性を示唆するモデルとなっている。

「21世紀型能力」は，「基礎力」「思考力」「実践力」の3つの力から構成され，これまでも言及されてきた「習得」「活用」「探究」を言い換えた概念とも捉えることができる。

図4-1 「21世紀能力」
出典：国立教育政策研究所。

中核に据えられているのは，「思考力」である。「思考力」とは，一人ひとりが自ら学び判断し，自身の考えをもって他者と話し合い，考えを比較吟味して統合し，より良い解や新しい知識を創造し，次の問いを見つける力（問題解決力・発見力・創造力）である。また，その過程で発揮される論理的・批判的・協働的思考力，自身の学び方や概念・価値を客観的に観察するメタ認知，次に学ぶべきことを探す適応的学習力などを含んでいる。

「実践力」は日常生活や社会，環境の中に問題を見つけ出し，自身の知識や技能を総動員して自身やコミュニティー，社会にとって価値のある解を導くことができる力である。具体的には，持続可能な未来づくりのために倫理や市民的責任を自覚して行動する力，他者と協働して社会づくりに参画する力などがあげられている。「主体的に学習に取り組む態度」は，学んだ知識を実生活・実社会で生かす視点，学んだ知識が実生活・実社会に生きた成就感を盛り込むことが大切である。そのため，「実践力」では学んだことを価値づけたり，それを生活において意味ある行為へとつなげたりすることを重視している。

「基礎力」は「思考力」「実践力」を支える概念であり，言語・数・情報を目的に応じて道具として使いこなす力とされている。「思考」や「実践」の過程で情報を言語や数として使いこなすことで，それらが意味あるものとして子どもの中に内化し，「基礎的・基本的な知識，及び技能の習得」がなされる。

これまで教育方法として「問題解決的な学習」「アクティブ・ラーニング」

が叫ばれてきたが，このような教育目標の構造化によって，その具現化がさらに図られやすくなったといえよう。この構造は，中央教育審議会答申を経て，新学習指導要領に「知識及び技能」「思考力，判断力，表現力等」「学びに向かう力，人間性等」として提示されている。

2 中央教育審議会答申

次に，中央教育審議会答申（平成28年12月21日）「幼稚園，小学校，中学校，高等学校及び特別支援学校の学習指導要領等の改善及び必要な方策等について」を概観する。本答申は，次の各章からなっている。

第1部　学習指導要領等改訂の基本的な方向性
　第1章　これまでの学習指導要領等改訂の経緯と子供たちの現状
　第2章　2030年の社会と子供たちの未来
　第3章　「生きる力」の理念の具体化と教育課程の課題
　第4章　学習指導要領等の枠組みの改善と「社会に開かれた教育課程」
　第5章　何ができるようになるか──育成を目指す資質・能力
　第6章　何を学ぶか──教科等を学ぶ意義と，教科等間・学校段階間のつながりを踏まえた教育課程の編成
　第7章　どのように学ぶか──各教科等の指導計画の作成と実施，学習・指導の改善・充実
　第8章　子供一人一人の発達をどのように支援するか──子供の発達を踏まえた指導
　第9章　何が身に付いたか──学習評価の充実
　第10章　実施するために何が必要か──学習指導要領等の理念を実現するために必要な方策
第2部　各学校段階，各教科等における改訂の具体的な方向性
　第1章　各学校段階の教育課程の基本的な枠組みと，学校段階間の接続
　第2章　各教科・科目等の内容の見直し

以下では，新学習指導要領編成の考え方について，重要な観点を要約し，考察を加えた。

第4章　社会科の歴史③

（1）「生きる力」の育成に向けた教育課程の課題

「生きる力」については，先述の「21世紀型能力」にも明確に述べられているが，本答申でも別の観点から次のように説明されている。

① 社会的・職業的に自立した人間として，我が国や郷土が育んできた伝統や文化に立脚した広い視野を持ち，理想を実現しようとする高い志や意欲を持って，主体的に学びに向かい，必要な情報を判断し，自ら知識を深めて個性や能力を伸ばし，人生を切り拓いていくことができること。

② 対話や議論を通じて，自分の考えを根拠とともに伝えるとともに，他者の考えを理解し，自分の考えを広げ深めたり，集団としての考えを発展させたり，他者への思いやりを持って多様な人々と協働したりしていくことができること。

③ 変化の激しい社会の中でも，感性を豊かに働かせながら，よりよい人生や社会の在り方を考え，試行錯誤しながら問題を発見・解決し，新たな価値を創造していくとともに，新たな問題の発見・解決につなげていくことができること。

上記の３点は，「主体性」「協働性」「問題解決と創造性」と解釈できる。これまでの学習指導要領は，この「生きる力」を育むために，各教科等において「何を教えるか」という「内容」を中心に組み立てられていた。そして，その指導方法（授業改善）は現場教師の力量と裁量に任せられ，ある意味「どう指導すればよいのか」困惑する場合が少なくなかった。新学習指導要領では，「生きる力」の理念を実現していくために，学習方法や評価の改善・充実，必要な条件整備などを教育課程の改善の方向性と一貫性をもって実施していくことが必要であるとし，その枠組みを６点に沿って示している。

（2）平成29年版学習指導要領の枠組み

その６点の枠組みは，次のとおりである。

49

①	何ができるようになるか
②	何を学ぶか
③	どのように学ぶか
④	子供一人一人の発達をどのように支援するか
⑤	何が身に付いたか
⑥	実施するために何が必要か

① 何ができるようになるか——育成を目指す資質・能力

　教科等の目標や内容を,「知識・技能」「思考力・判断力・表現力等」「学び
に向かう力・人間性等」の3つの柱に基づき再整理することが必要とした。

② 何を学ぶか——教科等を学ぶ意義と,教科等間・学校段階間のつながりを
　踏まえた教育課程の編成

　今回の改訂は学びの質と量を重視するものであり,学習内容の削減を行うこ
とは適当ではない。社会・地理歴史・公民の各教科の内容構成は,次の現代的
諸課題に対して必要な内容を見直すとした。

　　　・グローバル化　　・持続可能な社会の形成　　・産業構造の変化

　　　・防災・安全への対応　　・海洋や国土の理解　　・主権者の育成等

　具体的には,高等学校における必履修科目への接続の観点も踏まえ,小学校
では,世界の国々との関わり,政治の働き,地域社会,生活や産業の変化,自
然災害等,中学校では,地球規模の課題,防災・安全,世界の歴史,起業,政
治等に関する指導を充実するとした。

③ どのように学ぶか——各教科等の指導計画の作成と実施,学習・指導の改
　善・充実

　様々な資質・能力は,教科等の学習から離れて単独に育成されるものではな
く,関連が深い教科等の内容事項と関連づけながら育まれるものである。その
ために,「主体的・対話的で深い学び」を実現するとした。

　「生きる力」の具現化のために「アクティブ・ラーニング」を言い換えたと
解釈できる「主体的・対話的で深い学び」は,地域や社会の具体的な問題を解
決する学習を指すものと理解されることがあるが,たとえば国語や各教科等に

おける言語活動や，社会科において課題を追究し解決する活動，理科において観察・実験を通じて課題を探究する学習，体育における運動課題を解決する学習，美術における表現や鑑賞の活動など，すべての教科等における学習活動に関わるものであり，これまでも充実が図られてきたこうした学習をさらに改善・充実させていくための視点であるとされている。

「主体的・対話的で深い学び」は，1単位時間の授業の中ですべてが実現されるものではなく，単元や題材のまとまりの中で実現されていくことが求められる。知的好奇心や，それに基づく学習問題が授業づくりのキーとなろう。

④　子供一人一人の発達をどのように支援するか（説明略）

⑤　何が身に付いたか——学習評価の充実

「何ができるようになるか」にあわせ，観点別評価については，「知識・技能」「思考・判断・表現」「学びに向かう力」の3観点に整理されている。

以上のような基本的考え方に基づいて，新学習指導要領の改訂がなされたのである。新学習指導要領の中身を確認するにあたり，要点をごく簡単にまとめておく。

⑥　実施するために何が必要か（説明略）

■平成29年版学習指導要領の枠組み

> □何ができるようになるか（目標）
> 　よりよい学校教育を通じてよりよい社会を創るという目標を共有し，社会と連携・協働しながら，未来の創り手となるために必要な資質・能力を育む。
> □何を学ぶか（目標・内容）
> 　新しい時代に必要となる資質や能力を踏まえた目標・内容の見直し。各教科等で育む資質・能力を明確化し，目標や内容を構造的に示す。
> □どのように学ぶか（方法）
> 　新しい時代に求められる資質・能力を育成するために，「主体的・対話的で深い学び」（「アクティブ・ラーニング」）の視点からの学習過程の質的改善。
> □何が身に付いたか（評価）
> 　「知識・技能」「思考・判断・表現」「学びに向かう力」の3観点に整理する。指導要録の様式を改善する。

3 平成29年版学習指導要領における社会科

（1）平成29年版学習指導要領の社会科改訂の方向性

中央教育審議会「幼稚園，小学校，中学校，高等学校及び特別支援学校の学習指導要領等の改善及び必要な方策等について」（答申）および補足資料・別添資料に基づき，さらに社会科改訂の方向性について焦点をしぼっていく。本答申と諸資料を，以下のように要約する。

① 平成20年版学習指導要領の成果と課題

○平成20年版学習指導要領の成果

社会科，地理歴史科，公民科においては，社会的事象に関心をもって多面的・多角的に考察し，公正に判断できる能力と態度を養い，社会的な見方や考え方を成長させること等に重点を置いて，改善が目指されてきた。

○平成20年版学習指導要領の課題

主体的に社会の形成に参画しようとする態度や，資料から読み取った情報をもとにして社会的事象の特色や意味などについて比較したり関連づけたり多面的・多角的に考察したりして，表現する力の育成が不十分であることが指摘されている。

また，社会的な見方や考え方については，その全体像が不明確であり，それを養うための具体策が定着するには至っていないことや，近現代に関する学習の定着状況が低い傾向にあること，課題を追究したり解決したりする活動を取り入れた授業が十分に行われていないこと等も指摘されている。

② 新学習指導要領に求められる視点

これらの課題を踏まえるとともに，これからの時代に求められる資質・能力を視野に入れれば，社会科，地理歴史科，公民科では，その指導に次の視点が求められる。

第4章　社会科の歴史③

■社会科，地理歴史科，公民科の指導において求められる視点

- 社会との関わりを意識して課題を追究したり解決したりする活動を充実。
- 知識や思考力等を基盤として社会の在り方や人間としての生き方について選択・判断する力の育成。
- 自国の動向とグローバルな動向を横断的・相互的に捉えて現代的な諸課題を歴史的に考察する力の育成。
- 持続可能な社会づくりの観点から地球規模の諸課題や地域課題を解決しようとする態度など，国家及び社会の形成者として必要な資質・能力の育成。

③　社会科，地理歴史科，公民科における「見方・考え方」

　「社会的な見方・考え方」は，公民としての資質・能力の核となる概念である。「社会的な見方・考え方」は，次のように説明されている。

■「社会的な見方・考え方」

　　「社会的な見方・考え方」は，課題を追究したり解決したりする活動において，社会的事象の意味や意義，特色や相互の関連を考察したり，社会にみられる課題を把握して，その解決に向けて構想したりする際の視点や方法であると考えられる。

　　そこで，小学校社会科においては，社会的事象を，位置や空間的な広がり，時期や時間の経過，事象や人々の相互関係などに着目して捉え，比較・分類したり総合したり，地域の人々や国民の生活と関連付けたりすることを「社会的事象の見方・考え方」として整理し，中学校社会科，高等学校地理歴史科，公民科においても，校種の段階や分野・科目の特質を踏まえた「見方・考え方」をそれぞれ整理することができる。その上で，「社会的な見方・考え方」をそれらの総称とした。

　　こうした「社会的な見方・考え方」は，社会科，地理歴史科，公民科としての本質的な学びを促し，深い学びを実現するための思考力，判断力の育成はもとより，生きて働く知識の習得に不可欠であること，主体的に学習に取り組む態度や学習を通して涵養される自覚や愛情等にも作用することなどを踏まえると，資質・能力全体に関わるものであると考えられる。

④　小学校社会科改訂のポイント

　以上の考え方に基づく小学校社会科改訂のポイントと教育のイメージは，中央教育審議会答申別添3-1のとおり整理されている。

■小学校社会科改訂のポイントと教育のイメージ（別添3-1より）

> 　社会的な見方・考え方を働かせ，課題を追究したり解決したりする活動を通して，グローバル化する国際社会に主体的に生きる平和で民主的な国家及び社会の形成者に必要な公民としての資質・能力の基礎を次のとおり育成することを目指す。
>
> 　地域や我が国の国土の地理的環境，現代社会の仕組みや働き，地域や我が国の歴史や伝統と文化を通して，社会生活について理解するとともに，調査や諸資料から情報を適切に調べまとめる技能を身に付けるようにする。
> →「知識・技能」と解釈できる。
>
> 　社会的事象の特色や相互の関連，意味について多角的に考える力，社会に見られる課題を把握して，その解決に向けて社会への関わり方を選択・判断する力，思考・判断したことを適切に表現する力を養うようにする。
> →「思考力・判断力・表現力等」と解釈できる。
>
> 　社会的事象について，よりよい社会を考え課題を主体的に解決しようとする態度を養うとともに，多角的な考察や理解を通して涵養される地域社会に対する誇りと愛情，我が国の国土や歴史に対する愛情，地域社会の一員としての自覚，世界の国々の人々と共に生きていくことの大切さの自覚等を養うようにする。
> →「学びに向かう力・人間性等」と解釈できる。
>
> 　社会的事象から学習問題を見出し，問題解決の見通しを持って他者と協働的に追究し，追究結果を振り返るなど，問題解決的な学習の充実を図る。
>
> 　世界の国々との関わりや我が国の政治の働きへの関心を高める学習，社会に見られる課題を把握して，社会の発展を考える学習の充実を図る。
>
> 　災害における地方公共団体の働き，地域の人々の工夫や努力，地理的・歴史的観点を踏まえた災害に関する理解，防災情報に基づく適切な行動の在り方等に関する指導の充実を図る。

⑤　小学校社会科の目標の整理

　社会科，地理歴史科，公民科における教育目標は，従前の目標の趣旨を勘案して「公民としての資質・能力」を育成することを目指し，その資質・能力の

具体的な内容を「知識及び技能」「思考力，判断力，表現力等」「学びに向かう力，人間性等」の３つの柱で示している。小学校社会科の目標は，同答申別添３-２のとおりに整理されている。

■小学校社会科において育成を目指す資質・能力の整理（別添３-２より）

知識・技能	思考力・判断力・表現力等	学びに向かう力・人間性等
• 社会生活に関する理解（地域や我が国の国土の地理的環境，現代社会の仕組みや働き，地域や我が国の歴史，それらと人々の生活との関連） • 社会的事象について調べまとめる技能（社会的事象に関する情報を適切に集める・読み取る・まとめる技能）	• 社会的事象の特色や相互の関連，意味を多角的に考える力，社会に見られる課題を把握し，社会への関わり方を選択・判断する力 • 思考・判断したことを適切に表現する力	• 社会的事象について主体的に調べ分かろうとして課題を意欲的に追究する態度（環境保全，自然災害防止，産業の発展，情報化の進展，先人の業績や文化遺産，我が国の政治の働き，世界の国々との関わり） • よりよい社会を考え学んだことを社会生活に生かそうとする態度・多角的な考察や理解を通して涵養される自覚や愛情等（地域社会の一員としての自覚，地域社会に対する誇りと愛情，我が国の国土に対する愛情，我が国の歴史や伝統を大切にし，国を愛する心情，世界の国々の人々と共に生きていくことの大切さについての自覚）

　高等学校地理歴史科，公民科では「広い視野に立ち，グローバル化する国際社会に主体的に生きる平和で民主的な国家及び社会の有為な形成者に必要な公民としての資質・能力」を，小中学校社会科ではその基礎をそれぞれ育成することが必要であるとされている。

（２）「小学校学習指導要領」社会科の記述

　以上の経緯に基づいて，小学校社会科の「目標」が改訂された。昭和43年版から一貫して明記された「公民的資質の基礎を養う」を，「公民としての資質・能力の基礎」としている。また，「何ができるようになるか」「何を学ぶ

か」「どのように学ぶか」の観点から，踏み込んだ記述となっている。具体的には，次のとおりである。

■平成29年版学習指導要領　社会科の目標
第1　　目標
　社会的な見方・考え方を働かせ，課題を追究したり解決したりする活動を通して，グローバル化する国際社会に主体的に生きる平和で民主的な国家及び社会の形成者に必要な公民としての資質・能力の基礎を次のとおり育成することを目指す。
　(1)　地域や我が国の国土の地理的環境，現代社会の仕組みや働き，地域や我が国の歴史や伝統と文化を通して社会生活について理解するとともに，様々な資料や調査活動を通して情報を適切に調べまとめる技能を身に付けるようにする。
　(2)　社会的事象の特色や相互の関連，意味を多角的に考えたり，社会に見られる課題を把握して，その解決に向けて社会への関わり方を選択・判断したりする力，考えたことや選択・判断したことを適切に表現する力を養う。
　(3)　社会的事象について，よりよい社会を考え主体的に問題解決しようとする態度を養うとともに，多角的な思考や理解を通して，地域社会に対する誇りと愛情，地域社会の一員としての自覚，我が国の国土と歴史に対する愛情，我が国の将来を担う国民としての自覚，世界の国々の人々と共に生きていくことの大切さについての自覚などを養う。

「内容」については，次の観点に基づいて改訂がなされている。
　社会にみられる課題を把握して，その解決に向けて構想する力を養うためには，平成20年版学習指導要領において充実された伝統・文化等に関する様々な理解を引き続き深めつつ，将来につながる現代的な諸課題を踏まえた教育内容の見直しを図ることが必要である。

第4章　社会科の歴史③

　小学校社会科においては，世界の国々との関わりや政治の働きへの関心を高めるよう教育内容を見直すとともに，自然災害時における地方公共団体の働きや地域の人々の工夫・努力等に関する指導の充実，少子高齢化等による地域社会の変化や情報化に伴う生活や産業の変化に関する教育内容を見直すなどの改善を行う。「内容」の詳細は，「巻末資料」に掲載している。

　「指導計画の作成と内容の取扱い」は，「主体的・対話的で深い学び」の実現の観点から改訂がなされている。これも詳細は，「巻末資料」に掲載している。

4　平成20年版から平成29年版への発展

　新学習指導要領の特徴は，6つの柱，すなわち上述した「何ができるようになるか」「何を学ぶか」「どのように学ぶか」「子供一人一人の発達をどのように支援するか」「何が身に付いたか」「実施するために何が必要か」から，その目標の構造を大幅に変更したことがあげられる。とくに，「主体的・対話的で深い学び」の視点から学習過程の質的改善にまで踏み込んでいる点は，着目すべき点である。

　前章で述べているように，平成20年版学習指導要領でも，「社会的事象の意味，意義を解釈すること，事象の特色や事象間の関連を説明すること」「持続可能な社会の実現を目指すなど，公共的な事柄に自ら参画していく資質や能力を育成すること」を指摘していた。新学習指導要領は，この考え方を踏襲し，さらに社会科学習指導の具現化を図る記述となっている。

　新学習指導要領では，さらに高等学校地理，歴史科，公民科において科目の再編が行われ，「歴史総合」「地理総合」「日本史探究」「世界史探究」「地理探究」「公共」「倫理」「政治経済」が設置される。このような大幅な改訂は平成元年版以来のことで，これまでの学習指導要領の変遷の中でも構造的・質的な一大転換といえる。

57

引用・参考文献

天野茂監修（2017）『改訂学習指導要領×中央教育審議会答申 小学校編』第一法規。

中央教育審議会答申（2016）「幼稚園，小学校，中学校，高等学校及び特別支援学校の学習指導要領等の改善及び必要な方策等について」12月21日。

中央教育審議会答申（2016）「補足資料」12月21日。

中央教育審議会答申（2016）「別添資料」12月21日。

文部科学省（2017）「小学校学習指導要領」。

学習の課題

(1) 「21世紀能力」の「基礎力」「思考力」「実践力」を説明しよう。

(2) 「21世紀能力」の「基礎力」「思考力」「実践力」と，新学習指導要領の目標である「知識及び技能」「思考力，判断力，表現力等」「学びに向かう力，人間性等」との関連を考察しよう。

(3) 「中央教育審議会答申」の指摘する，学習指導要領改訂の基本的な方向性を説明しよう。

(4) 新学習指導要領における社会科の性格を説明しよう。

【さらに学びたい人のための図書】

友枝敏雄・浜日出夫・山田真茂留編（2017）『社会学の力――最重要概念・命題集』有斐閣。

⇨本書は社会学の初学者向けに書かれたもので，社会学固有の概念・方法・命題がまとめられている。本書を読み進めることによって，「社会」の理解が深まる。

船津衛・山田真茂留・浅川達人編著（2014）『21世紀社会とは何か？――「現代社会学」入門』恒星社厚生閣。

⇨本書は，社会学の入門書であり，自己・都市・個人化・共同体・ジェンダー・宗教・情報・災害・高齢者・病気・死・ポストモダン等の話題を扱っている。本書を読み進めることによって，「21世紀社会」の理解が深まる。

（小林　隆）

第 5 章　平成29年版学習指導要領と
　　　　指導上の留意点

この章で学ぶこと

　2017（平成29）年告示された新しい学習指導要領は，「生きる力」「確か
な学力」を重視してきた学習指導要領の流れを基本的には継承するもので
あるが，とくに児童生徒に身に付けさせるべき「学力」について，①「知
識及び技能」の習得，②「思考力，判断力，表現力等」の育成，③「学び
に向かう力，人間性等」の涵養という3つの柱を明確化し，すべての教科
の目標・内容を3つの柱に沿って改訂している。この章では，まず学習指
導要領改訂の方向性と社会科との関わりについて学んだのち，小学校社会
科改訂のアウトラインについて学ぶ。そして具体的に各学年の社会科が具
体的にどのように改訂されたかを概観する。

1　平成29年版学習指導要領の特徴

（1）平成29年版学習指導要領の方向性と社会科

　2016（平成28）年12月の中央教育審議会答申「幼稚園，小学校，中学校，高
等学校及び特別支援学校の学習指導要領等の改善及び必要な方策等について」
は新しい学習指導要領の方向性を4つあげている。

　まず1つ目は，「社会に開かれた教育課程」を目指していることである。現
在，情報化やグローバル化が叫ばれるように，社会は急激に変化している。た
とえば10年後には，いまある職業の多くがなくなり，現在は存在しない多くの
職業が必要とされるといわれる。学校教育は，子どもがこのような「変化の激
しい現代社会」の担い手となるという前提で行われなければならない。また
「子どもの貧困」など地域社会との連携が必要な社会問題が顕在化したり，少
子高齢化により地域社会の担い手が減る空洞化といった現象が現れたりする中

59

で，学校には，地域社会とともに子どもを育てていく，地域社会の担い手を育てていくという姿勢が必要となってくるだろう。このように「社会に開かれた教育課程」の「社会」とは，「変化の激しい現代社会」「地域社会」という2つの意味がある。この2つの「社会」は社会科の学習内容であり，「社会に開かれた教育課程」の成否は，社会科がしっかり「社会」についてしっかり学ばせるかどうかに大きな比重がかかっているといってよいだろう。

　次に目標とする「資質・能力の明確化」をあげることができる。新学習指導要領では資質・能力について3つの柱を立てた。すなわち，①「知識及び技能」の習得，②「思考力，判断力，表現力等」の育成，③「学びに向かう力，人間性等」の涵養である。すなわち①で習得した「知識及び技能」を，②の「思考力，判断力，表現力等」を用いてどのように使うか，そして①②を支える態度は③の「学びに向かう力」であり，学ぶ前提となるのは「人間性等」の資質である。という構造になっている。社会科の目標も①②③に基づいて設定されている。この点については後述する。

　3つ目にあげられているのは，「主体的・対話的で深い学び」である。冒頭の答申によれば「主体的・対話的で深い学び」とは，興味関心をもって粘り強く学ぶ「主体的な学び」と，様々な人との協働，対話を通じて自分の考えを広げる「対話的な学び」と，知識の関連づけや考えの形成，問題解決といった「深い学び」で構成される。社会科は出発時点から現在まで，子どもが他者と対話することによって主体的に学び，社会的な事象に対する理解や疑問を深める問題解決学習を理想としてきた。「主体的・対話的で深い学び」のヒントは，過去の多くの社会科実践にあるといってよいだろう。

　4つ目は「カリキュラム・マネジメント」の重視である。すなわち各学校は，地域や学校の実態に応じて学校運営をすべきであり，教育課程はそういった学校運営を支える柱であるという考えに基づいている。新学習指導要領「総則」には「児童や学校，地域の実態を適切に把握し，教育の目的や目標の実現に必要な教育の内容等を教科等横断的な視点で組み立てていくこと」とある。社会科はもともと他教科での学びを「道具」として総合していく総合教科としてス

タートした。「総合的な学習の時間」ができた後でも、「国際理解」「環境」「福祉」などの「総合的な学習」にみられるテーマは、社会科の学習内容と重なっており、社会科の授業との連携が必須であった。「カリキュラム・マネジメント」の先例は、社会科と総合、道徳、特別活動、他教科との連携に数多くみられるのである。

（2）社会科，地理歴史科，公民科の改善

　2016（平成28）年12月の中央教育審議会答申では社会科，地理歴史科，公民科の改善について，以下の3点が求められている。

　　○社会科，地理歴史科，公民科を通じて「公民としての資質・能力」の育成を目指すこと，小学校及び中学校においては公民としての資質・能力の基礎を育成すること。
　　○社会科，地理歴史科，公民科を通して育成を目指す資質・能力を「知識・技能」，「思考力・判断力・表現力等」，「学びに向かう力・人間性等」の三つの柱に沿って明確化し，社会的な見方・考え方を働かせた学びを通して，三つの柱で整理した資質・能力を育成していくこと。
　　○社会との関わりを意識して課題を追及したり解決したりする活動を位置付けた学習過程を工夫し，「主体的・対話的で深い学び」を実現するよう授業改善を図ることや，小中学校の社会科の内容を三つの枠組みに位置付けて整理したり，社会的な見方・考え方と概念等に関する知識との関係などを整理したりして，学習指導要領に示していくこと（澤井，2017）。

　答申においては，とくに小学校，中学校，高等学校のつながりの中で資質・能力を育成することを重視している。答申の別添資料「社会科，地理歴史科，公民科における思考力，判断力，表現力等の育成のイメージ」で具体的な例が示されている。図5-1を参照してほしい。
　またとくに小学校社会科については，中教審答申は次の改善を求めている。

① 「社会的な見方・考え方」を用いて，社会的事象等の意味や意義，特色や相互の関連を考察する力	
・社会的事象等の意味や意義，特色や相互の関連について，概念等を活用して多面的・多角的に考察できる ・社会的事象の意味や意義，特色や相互の関連を多面的・多角的に考察できる ・社会的事象の意味，特色や相互の関連を多角的に考察できる	
② 「社会的な見方・考え方」を用いて，社会に見られる課題を把握し，その解決に向けて構想する力	
・社会に見られる複雑な課題を把握して，身に付けた判断基準を根拠に解決に向けて構想できる ・社会に見られる課題を把握して，解決に向けて学習したことを基に複数の立場や意見を踏まえて選択・判断できる ・社会に見られる課題を把握して，解決に向けて学習したことを基に社会への関わり方を選択・判断できる	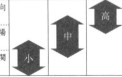
③ 考察したこと，構想したことを説明する力	
・適切な資料・内容や表現方法を選び，社会的事象等についての自分の考えを効果的に説明したり論述したりできる ・主旨が明確になるように内容構成を考え，社会的事象等についての自分の考えを論理的に説明できる ・根拠や理由を明確にして，社会的事象等についての自分の考えを論理的に説明できる	
④ 考察したこと，構想したことを基に議論する力	
・合意形成や社会参画を視野に入れながら，社会的事象等について構想したことを，妥当性や効果，実現可能性などを指標にして議論できる ・他者の主張を踏まえたり取り入れたりして，社会的事象についての自分の考えを再構成しながら議論できる ・他者の主張につなげたり，立場や根拠を明確にしたりして，社会的事象についての自分の考えを主張できる	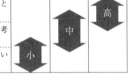
＊参考　学習の見通しを持ち追究の結果を評価する力	
・追究の過程や結果を評価し，不十分な点を修正・改善することができる ・追究の結果を振り返り，学んだことの成果等を自覚できる ・学習問題（課題）を把握し，追究の見通しを持つことができる	

図5-1　社会科，地理歴史科，公民科における思考力，判断力，表現力の育成のイメージ
出典：中央教育審議会答申（2016）「特別資料3-3」を一部改変。

○小学校社会科においては，世界の国々との関わりや政治の働きへの関心を高めるよう教育内容を見直すとともに，自然災害時における地方公共団体の働きや地域の人々の工夫・努力等に関する指導の充実，少子高齢化等による地域社会の変化や情報化に伴う生活や産業の変化に関する教育内容を見直すなどの改善を行う。

○小学校社会科においては，これまで第4学年から配布されていた「教科

用図書 地図」を第3学年から配布するようにし，グローバル化などへの
対応を図っていくこと。

2　小学校社会科の改訂

（1）目標において

これまで小学校社会科の目標については，下記のようにシンプルな一文にま
とめられていた。

　社会生活についての理解を図り，我が国の国土と歴史に対する理解と愛情
を育て，国際社会に生きる平和で民主的な国家・社会の形成者として必要
な公民的資質の基礎を養う（平成20年版学習指導要領）。

しかし新学習指導要領は，まず冒頭で以下のように全体の目標を示している。

　社会的な見方・考え方を働かせ，課題を追究したり解決したりする活動を
通して，グローバル化する国際社会を主体的に生きる平和で民主的な国家
及び社会の形成者に必要な公民としての資質・能力の基礎を次のとおり育
成することを目指す。

従来の目標が「社会生活」「国土」「歴史」という内容に言及しているのに対
して，「社会的な見方・考え方」「課題の追求」といった学びのあり方を取り上
げている点は注目されるべきであろう。また，従来の目標にある「公民的資
質」という若干あいまいで含みのある表現が，「公民としての資質・能力」と
いう表現となっている。すなわち社会科は「公民」を育てる教科であること，
「公民」には資質とともに一定の「能力」が要求されることを明示している点
にも注目すべきであろう。
　その後に「知識及び技能」「思考力，判断力，表現力等」「学びに向かう力，

人間性等」の3つの柱に対応した目標を立てており，社会科における3つの柱
を明確に示している。

(1)　地域や我が国の国土の地理的環境，現代社会の仕組みや働き，地域や
我が国の歴史や伝統と文化を通して社会生活について理解するとともに，
様々な資料や調査活動を通して情報を適切に調べまとめる技能を身に付け
るようにする。

(2)　社会的事象の特色や相互の関連，意味を多角的に考えたり，社会に見
られる課題を把握して，その解決に向けて社会への関わり方を選択・判断
したりする力，考えたことや選択・判断したことを適切に表現する力を養
う。

(3)　社会的事象について，よりよい社会を考え主体的に問題解決しようと
する態度を養うとともに，多角的な思考や理解を通して，地域社会に対す
る誇りと愛情，地域社会の一員としての自覚，我が国の国土と歴史に対す
る愛情，我が国の将来を担う国民としての自覚，世界の国々の人々と共に
生きていくことの大切さについての自覚などを養う。

　上記の目標のうち，(1)が「知識及び技能」，(2)が「思考力，判断力，表現力
等」，(3)が「学びに向かう力，人間性等」についての目標である。各学年の目
標もこの目標と対応した形をとっている。「小学校学習指導要領解説社会編」
(平成29年6月，以下，「解説」)によれば，社会科における「知識」とは，「地域
や我が国の地理的環境，地域や我が国の歴史や伝統と文化，現代社会の仕組み
や働きを通して，社会生活についての総合的な理解を図るためのもの」であり，
「技能」とは「社会的事象について調べまとめる技能」である。「思考力・判断
力」とは「社会的事象の特色や相互の関連，意味を多角的に考える力」および
「社会に見られる課題を把握して，その解決に向けて，学習したことを基に，
社会への関わり方を選択・判断する力」であり，「表現力」とは，「考えたこと
や選択・判断したことを説明する力」や，「考えたことや選択・判断したこと

第5章　平成29年版学習指導要領と指導上の留意点

表5-1　小学校社会科の枠組みと各学年の内容

	①地理的環境と人々の生活	③現代社会の仕組みや働きと人々の生活	②歴史と人々の生活
第3学年	身近な地域や市区町村の様子	地域に見られる生産や販売の仕事 地域の安全を守る動き	市の様子の移り変わり
第4学年	都道府県の様子 県内の特色ある地域の様子	人々の健康や生活環境を支える事業 自然災害から人々を守る活動	県内の伝統や文化、先人の働き
第5学年	我が国の国土の様子と国民生活	我が国の農業や水産業における食料生産 我が国の工業生産 我が国の産業と情報との関わり	
	我が国の国土の自然環境と国民生活の関わり		
第6学年		我が国の政治の働き グローバル化する世界と日本の役割	我が国の歴史上の主な事象

出典：筆者作成。

を基に議論する力など」である。「学びに向かう力，人間性等」とは，「よりよい社会を考え主体的に問題解決しようとする態度」と，「多角的な思考や理解を通して涵養される自覚や愛情など」である（下線部：筆者）。

（2）内容構成において

　上述したが新学習指導要領では，小中高のつながりを重視している。とりわけ「社会科」でくくられる小学校社会科と中学校社会科との連携，一貫性は新学習指導要領のもとでさらに重視されることとなる。このことは小学校社会科の内容構成についても現れている。すなわち，中学校社会科は「地理的分野」「歴史的分野」「公民的分野」の三分野で構成されるが，この三分野に対応して，「解説」では小学校社会科も「①地理的環境と人々の生活」「②歴史と人々の生活」「③現代社会の仕組みや働きと人々の生活」という3つの枠組みと，それぞれの学年の項目（学習内容）がどの枠組みに該当するか示されている。それをまとめたものが表5-1である。表を横に見ると各学年の内容となるが，①

65

②③の枠組みを縦に見ると，それぞれの枠組みが，どのような内容配列になっているかよくわかるだろう。たとえば第３学年の項目「身近な地域や市区町村の様子」は第３学年の初めに学習する内容であるが，この項目は「地理的環境と人々の生活」の枠組みに含まれる学習であるが，第４学年の同じ枠組みの項目「都道府県の様子」「県内の特色ある地域の様子」，さらには第５学年の「我が国の国土の様子と国民生活」につながる学習であり，「地理的環境と人々の生活」は，その学習対象が同心円状に広がる構造となっていることがわかるだろう。

3　各学年の目標および内容

（1）第３学年

　各学年の目標は「知識及び技能」「思考力，判断力，表現力等」「学びに向かう力，人間性等」の３つの柱に対応している。以下，目標の文言から各学年の３つの柱を抽出していく。

　第３学年の目標によれば，理解すべき「知識」とは，以下のとおりである。

> ・身近な地域や市区町村の地理的環境
> ・地域の安全を守るための諸活動や地域の産業と消費生活の様子
> ・地域の様子の移り変わり

身に付けるべき「技能」とは，以下のとおりである。

> 調査活動，地図帳や各種の具体的資料を通して，必要な情報を調べまとめる技能

養うべき「思考力，判断力，表現力等」は，以下のとおりである。

> ・社会的事象の特色や相互の関連，意味を考える力
> ・社会に見られる課題を把握して，その解決に向けて社会への関わり方を選択・判断する力
> ・考えたことや選択・判断したことを表現する力

養うべき「学びに向かう力，人間性等」は，以下のとおりである。

- 社会的事象について，主体的に学習の問題を解決しようとする態度
- よりよい社会を考え学習したことを社会生活に生かそうとする態度
- 地域社会に対する誇りと愛情
- 地域社会の一員としての自覚

　目標に上がっている「知識及び技能」「思考力，判断力，表現力等」「学びに向かう力，人間性等」の３つの柱を身に付けさせるため，第３学年の内容は，以下の４つの項目で構成されている。「解説」には，「第３学年では，これらの内容を取り上げ，自分たちの市を中心とした地域の社会生活を総合的に理解できるようにするとともに，地域社会に対する誇りと愛情，地域社会の一員としての自覚を養うようにする」と述べられている。

　次に内容についてみていく。平成20年度版学習指導要領までは，「第３学年及び第４学年の内容」として示されていたが，新学習指導要領からは第３学年の内容として下記の項目があげられている。

(1)　身近な地域や市区町村の様子
(2)　地域に見られる生産や販売の仕事
(3)　地域の安全を守る働き
(4)　市の様子の移り変わり

　「(2)地域に見られる生産や販売の仕事」において「売り上げを高める」工夫を理解させること，「他地域や外国との関わり」に着目させること，「(4)市の様子の移り変わり」において「交通や公共施設，土地利用や人口，生活の道具などの時期による違い」に着目させるといった学習が，新学習指導要領から取り入れられる。また地図帳はこれまで第４学年から使用されてきたが，新学習指導要領からは第３学年で使用される。

　「解説」に記述されている第３学年での学習活動は次のとおりである。多様な学習活動を取り入れることが望ましいとされていることがわかる。

「調べる」学習活動

- 観察・調査　　・地図などの資料で調べる
- 地図帳を参照する，地図帳で調べる　　・見学，聞き取り調査

「まとめる」学習活動

- 白地図にまとめる　　・地図記号の使用　　・図表でまとめる
- 文章で記述する　　・年表でまとめる

（2）第4学年

第4学年の目標によれば，理解すべき「知識」とは，以下のとおりである。

- 自分たちの都道府県の地理的環境
- 地域の人々の健康と生活環境を支える働きや自然災害から地域の安全を守るための諸活動
- 県内の伝統と文化や地域の発展に尽くした先人の働き
- 県内の特色ある地域の様子

身に付けるべき「技能」とは，以下のとおりである。

調査活動，地図帳や各種の具体的資料を通して，必要な情報を調べまとめる技能

養うべき「思考力，判断力，表現力等」は，以下のとおりである。

- 社会的事象の特色や相互の関連，意味を考える力
- 社会に見られる課題を把握して，その解決に向けて社会への関わり方を選択・判断する力
- 考えたことや選択・判断したことを表現する力

養うべき「学びに向かう力，人間性等」は，以下のとおりである。

- 社会的事象について，主体的に学習の問題を解決しようとする態度
- よりよい社会を考え学習したことを社会生活に生かそうとする態度
- 地域社会に対する誇りと愛情
- 地域社会の一員としての自覚

第5章　平成29年版学習指導要領と指導上の留意点

　第4学年の「技能」「思考力，判断力，表現力等」「学びに向かう力，人間性等」については，第3学年と同じ文言であるが，学習内容が市区町村から県に広がっているため，文言は同じでもその内実は自ずと違ってくるであろう。たとえば「社会的事象の特色や相互の関連，意味を考える力」などは市区町村より都道府県を対象とした場合，より巨視的かつ複雑なものが要求されるだろう。

　目標に上がっている「知識及び技能」「思考力，判断力，表現力等」「学びに向かう力，人間性等」の3つの柱を身に付けさせるため，第4学年の内容は，以下の5つの項目で構成されている。「解説」には，「第4学年では，これらの内容を取り上げ，自分たちの県を中心とした地域の社会生活を総合的に理解できるようにするとともに，地域社会に対する誇りと愛情，地域社会の一員としての自覚を養うようにする」と述べられている。

> (1)　都道府県の様子
> (2)　人々の健康や生活環境を支える事業
> (3)　自然災害から人々を守る活動
> (4)　県内の伝統や文化，先人の働き
> (5)　県内の特色ある地域の様子

　「(2)人々の健康や生活環境を支える事業」において，「県内外の人々の協力などに着目する」ことが新学習指導要領で新たに取り入れられている。

　「解説」に示されている学習活動については，第3学年とほぼ同じであるが，「(1)都道府県の様子」において，地図帳の活用が重視されている。またコンピュータの活用についても触れられている。

（3）第5学年

　第5学年の目標によれば，理解すべき「知識」とは，以下のとおりである。

> ・我が国の国土の地理的環境の特色
> ・産業の現状
> ・社会の情報化と産業の関わり

69

身に付けるべき「技能」とは，以下のとおりである。

> 地図帳や地球儀，統計などの各種の基礎的資料を通して，情報を適切に調べまとめる技能

養うべき「思考力，判断力，表現力等」は，以下のとおりである。

> - 社会的事象の特色や相互の関連，意味を多角的に考える力
> - 社会に見られる課題を把握して，その解決に向けて社会への関わり方を選択・判断する力
> - 考えたことや選択・判断したことを説明したり，それらを基に議論したりする力

養うべき「学びに向かう力，人間性等」は，以下のとおりである。

> - 社会的事象について，主体的に学習の問題を解決しようとする態度
> - よりよい社会を考え学習したことを社会生活に生かそうとする態度
> - 我が国の国土に対する愛情
> - 我が国の産業の発展を願い我が国の将来を担う国民としての自覚

　第５学年の「技能」については，第４学年までの「調査活動」の代わりに，「地球儀」「統計」といった資料が登場している。また情報を「適切に」調べることが重視されている。「思考力，判断力，表現力等」については，「多角的に考える力」「説明，議論する力」などが重視されるようになっている。「学びに向かう力，人間性等」については，「愛情」「自覚」について，国レベルのものとなっている。

　目標に上がっている「知識及び技能」「思考力，判断力，表現力等」「学びに向かう力，人間性等」の３つの柱を身につけさせるため，第５学年の内容は，以下の５つの項目で構成されている。「解説」には，「第５学年では，これらの内容を取り上げ，我が国の国土と産業の様子や特色を総合的に理解できるようにするとともに，我が国の国土に対する愛情，我が国の産業の発展を願い我が国の将来を担う国民としての自覚を養うようにする」と述べられている。

第5章　平成29年版学習指導要領と指導上の留意点

---

(1)　我が国の国土の様子と国民生活
(2)　我が国の農業や水産業における食料生産
(3)　我が国の工業生産
(4)　我が国の産業と情報との関わり
(5)　我が国の国土の自然環境と国民生活の関わり

新学習指導要領では，「(1)我が国の国土の様子と国民生活」においては，「海洋に囲まれた多数の島からなる国土の構成」への着目，「(2)我が国の農業や水産業における食料生産」においては，「価格や費用」への着目，「(4)我が国の産業と情報との関わり」において，「大量の情報や情報通信技術の活用」についての理解や「情報を生かして発展する産業」の役割についての考察，「(5)我が国の国土の自然環境と国民生活の関わり」においては，「自然災害」「森林」といった学習内容になっている。「国土の自然災害の状況」についての考察・表現などが新たに付け加えられている。

「解説」に示されている学習活動については，第5学年は地球儀や統計，映像，新聞などの各種の資料で調べることや，インターネットでの調査など，より高度な情報収集・情報活用による調査活動が重視されている。

（4）第6学年

第6学年の目標によれば，理解すべき「知識」とは，以下のとおりである。

• 我が国の政治の考え方と仕組みや働き
• 国家及び社会の発展に大きな働きをした先人の業績や優れた文化遺産
• 我が国と関係の深い国の生活やグローバル化する国際社会における我が国の役割

身に付けるべき「技能」とは，以下のとおりである。

地図帳や地球儀，統計や年表などの各種の基礎的資料を通して，情報を適切に調べまとめる技能

養うべき「思考力，判断力，表現力等」は，以下のとおりである。

- 社会的事象の特色や相互の関連，意味を多角的に考える
- 社会に見られる課題を把握して，その解決に向けて社会への関わり方を選択・判断する力
- 考えたことや選択・判断したことを説明したり，それらを基に議論したりする力

養うべき「学びに向かう力，人間性等」は，以下のとおりである。

- 社会的事象について，主体的に学習の問題を解決しようとする態度
- よりよい社会を考え学習したことを社会生活に生かそうとする態度
- 我が国の歴史や伝統を大切にして国を愛する心情
- 我が国の将来を担う国民としての自覚
- 平和を願う日本人として世界の国々の人々と共に生きることの大切さについての自覚

「技能」については第5学年とほぼ同じだが，年表が基礎的資料に加わっている。

「思考力，判断力，表現力等」については，第5学年とまったく同じ文言であるが，憲法や政治，日本の歴史，国際関係など内容の高度化により，文言は同じであるがより高度な力を目指していることは確かである。「学びに向かう力，人間性等」のうち，「態度」については第5学年と同じであるが，「心情」や「自覚」については「国を愛する」「国民」「日本人」という文言が見られ，国民・日本人としての自覚が強調されている。

目標に上がっている「知識及び技能」「思考力，判断力，表現力等」「学びに向かう力，人間性等」の3つの柱を身に付けさせるため，第6学年の内容は，以下の3つの項目で構成されている。「解説」には，「第6学年では，これらの内容を取り上げ，我が国の政治の働きや歴史，我が国と関係の深い国の生活やグローバル化する国際社会における我が国の役割について理解できるようにするとともに，我が国の歴史や伝統を大切にして国を愛する心情，我が国の将来

を担う国民としての自覚や平和を願う日本人として世界の国々の人々と共に生きることの大切さについての自覚を養うようにする」と述べられている。

---

(1) 我が国の政治の働き
(2) 我が国の歴史上の主な事象
(3) グローバル化する世界と日本の役割

　第6学年の社会科はこれまで歴史学習，政治学習，国際学習の順に配列されてきたが，新学習指導要領では政治学習から学ぶことになっている。これは最も大きな変化であろう。新学習指導要領では，「(1)我が国の政治の働き」においては，「国民としての政治への関わり方について多角的に考えること」「自然災害からの復旧や復興，地域の開発や活性化」という内容，「(2)我が国の歴史上の主な事象」においては，「当時の世界との関わりに目を向けること」「年表や資料の特性に留意した読み取り方」「歴史を学ぶ意味を考えること」，「(3)グローバル化する世界と日本の役割」においては，「世界の人々と共に生きていくために大切なことや我が国が国際社会において果たすべき役割などを多角的に考えたり選択・判断すること」などが新たに付け加えられている。小学校社会科のまとめとしてかなり高度な学習が要求されていることがわかるだろう。

　「解説」に示されている学習活動については，第6学年はたとえば「(1)我が国の政治の働き」を例にあげれば，「広報誌などによる情報収集」「情報の比較，関連づけ，読み取り」「情報を図表などに適切に整理すること」等といった具合に情報収集・活用能力を高度化する学習活動が，数多くあげられている。

引用・参考文献
澤井陽介（2017）「学習指導要領改訂のポイント社会科」『初等教育資料』No. 953。
奈須正裕編（2017）『よくわかる新学習指導要領全文と要点解説』教育開発研究所。
文部科学省（2017）「小学校学習指導要領」。
文部科学省（2017）「小学校学習指導要領解説社会編」。

> **学習の課題**
>
> 巻末資料の新学習指導要領の「社会」の部分を読んで，その特徴を話し合ってみよう。

【さらに学びたい人のための図書】

北俊夫編（2018）『平成29年改訂 小学校教育課程実践講座 社会』ぎょうせい。

北俊夫・加藤寿朗編著（2018）『平成29年版 小学校新学習指導要領の展開 社会編』明治図書。

　⇨両書とも新小学校学習指導要領が示す社会科の目標，内容，指導のあり方について丁寧に解説している。指導計画作成や授業づくりの際に役立つ。

（中西　仁）

第6章 社会科授業構成論と授業づくり

この章で学ぶこと

本章では，まず新学習指導要領における社会科指導の要点を振り返る。そして，「授業づくり」「授業実施」「授業省察」にはその理念を実現するための社会科授業構成論の存在が重要であることを共有し，その論の学習をする。さらに授業の計画書である「学習指導案」の意義と様式について理解を深め，その作成ができるように学習を進める。

1 平成29年版学習指導要領の方向性と目指す授業像

本章の初めにあたり，社会科で目指す授業像を確認したい。それは，次のようにまとめることができる。

① 社会科誕生時の原点（知識の注入ではない・考える社会科）を確認する。
② 「ゆとり」か「詰め込み」かの二項対立を乗り越え，基礎的な知識および技能，思考力・判断力・表現力等および主体的に学習に取り組む態度という学力の三要素のバランスのとれた育成を重視する。

そして，新学習指導要領の「第3 指導計画の作成と内容の取扱い」では次のように述べ，学習過程の質的改善を求めている。

1 指導計画の作成に当たっては，次の事項に配慮するものとする。

(1)単元など内容や時間のまとまりを見通して，その中で育む資質・能力の育成に向けて，児童の主体的・対話的で深い学びの実現を図るようにすること。その際，問題解決への見通しをもつこと，社会的事象の見方・考え方を働かせ，事象の特色や意味などを考え概念などに関する知識を獲得

75

すること，学習の過程や成果を振り返り学んだことを活用することなど，学習の問題を追究・解決する活動の充実を図ること（下線部：筆者，以下同）。

2　授業づくりの現状と授業構成理論の必要性

では，このような考え方を実現する社会科の「授業づくり」「授業実施」「授業省察」は，どのようにしたらなされるのか。一般的な授業づくりの課題を，まず共有したい。

（1）授業づくりの現状と課題

森分孝治は，『現代社会科授業理論』（1984）において，「経験が頼りの社会科授業」として次のように述べている。

　「あなたは，授業のやり方をどこで，誰に習いましたか」と聞かれたら，私は何と答えるだろうか。中学・高校時代の社会科教員のやり方の見よう見まねであることに気付く。「教える」という行為は，社会科ではどういうことか。臨床的には誰も教えてくれないまま，ただ旧師のやったやり方に多少色をつけて，自信なさそうに何かやっているのが現実のようだ。実践を導くことのできる客観化された理論がないから，授業を手さぐりでやっていかざるをえないというわけである。（中略）小学校の場合も，状況はほぼ同じであろう。

　教師の持っている社会科授業「理論」は，多くの場合，自分がかつて生徒として，12年間にわたって社会科の授業を受ける過程で形成してきたものである。このことは教員養成課程に入学してくる学生に授業参観させ，討論させてみるとよくわかる。彼らは，大学に入学する以前に習得してきている「理論」をもとに観察した授業を批評し，論を立ててくる。（中略）それは大変強固で，大学での「社会科教材研究」や「社会科教育法」の講

義でゆさぶられることはない。伝統的な「理論」は、理論として体系化され客観化され教授されることはないが、確実に継承されている。かくて、「旧師のやったやり方」が再生産されていくことになるわけである。

森分は、客観化された授業構成理論を欠いている学校教育現場の現状を指摘している。現在においても、思い当たる点が多々あるのではないだろうか。

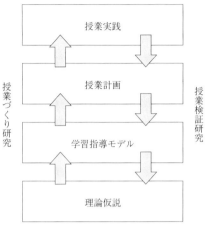

図6-1　理論仮説による指導
出典：筆者作成。

（2）理論仮説による「授業づくり」「授業実施」「授業省察」

社会科授業研究の際、事後検討会で聞かれる意見は、「導入での教材の提示がよかった」「授業の山場として考える時間を取りたかった」「子どもたちはよく考えていた」「教材の切り口が甘かった」などであり、客観化された社会科授業構成論に基づいて検討がなされる場合は少ない。そのため事後検討会は各自の視点からの感想の述べ合いに終始し、議論が深まらない傾向にある。つまり、新学習指導要領の「目指す授業像」の実現を目指して、「授業づくり」「授業実施」「授業省察」を有為に循環させ授業改善を重ねていくためには、「客観化された社会科授業構成論」を仮説として明示し、それに基づいて授業研究がなされることが重要である。それを示したものが、図6-1である。授業は「授業づくり研究」として、「理論仮説」→「学習指導モデル」→「授業計画」→「授業実践」の順で実施され、「授業検証研究」として、「授業実践」→「授業計画」→「学習指導モデル」→「理論仮説」の順で授業の省察・改善がなされていく。

3 社会科授業構成論と学習指導モデル

（1）学習指導観の転換

したがって，以下では「授業づくり研究」として「理論仮説」→「学習指導モデル」→「授業計画」の順で示していきたい。その前提として，学習観の転換を構成主義の視点から確認する。久保田賢一は「教育理論の哲学的前提」として，次のように述べている（久保田，2000）。新学習指導要領は，基本的にこの構成主義の考え方にあたると解釈することができる。

構成主義とは，次のようなものである。

① 学習とは学習者自身が知識を構築していく過程である。

学習は知識を受動的に記憶することではなく，どのように情報を解釈するかということによって起こる。客観主義の教育論は知識をいかに効果的に学習者に転移するかに焦点が当てられていたが，構成主義では，個々の学習者が主体的に学習活動に参加し，学習過程を自分自身で点検しながら，知識を構築していく過程と捉えている。教育活動はこの知識の構築過程に対して刺激的でかつ魅力的なものでなければならない。

② 知識は状況に依存している。

客観主義では知識やスキルは細分化され，一つひとつ学習しやすいサイズにまとめられる。これは学校教育の一般的な教授方法であるが，この方法では実際に知識がおかれている状況からばらばらに切り離され，現実に利用されている状況と教えられた知識が結びつかなくなってしまうため，必要な場面に遭遇してもその知識を使うことができない。知識はその知識を使う状況の中で学ばれてこそ初めて意味をもつものである。おかれている状況にかかわりなく，やさしいものから難しいものへと順番に学習していく客観主義の教授方法に対し，学ぶべき知識が学習者にどう関わっているのかという結びつきを考慮した教育活動を行う必要があると構成主義者は主張している。

③ 学習は共同体の中で相互作用を通じて行われる。

学習活動はほかの学習者と切り離され孤立した形で行うのではなく，常にほかの学習者との関わり合いの中で行われなければならない。この社会的な関わり合いが，学習共同体に属しているという一体感を生み出し，知識と知識のおかれている社会的文脈で学習を理解し，共同体の相互作用によって間主観的に知識を構築することができるのである。

（2）社会科授業における理論仮説

　新学習指導要領に見られる，「児童の主体的・対話的で深い学びの実現を図るようにすること。その際，問題解決への見通しをもつこと，社会的事象の見方・考え方を働かせ，事象の特色や意味などを考え概念などに関する知識を獲得すること，学習の過程や成果を振り返り学んだことを活用することなど，学習の問題を追究・解決する活動の充実を図ること」は，この哲学的前提の中にある。学習や研究は本来，このように具体的な事象から湧出する本質的な「問い」を，試行錯誤を重ねて，さらには共同体の中で相互作用を通じて解決していく過程である。このような考え方としては，たとえば J. デューイの「問題解決学習」論，J. ブルーナーの「発見学習」論があげられる。また，思考は言語を用いてなされることから，L. ヴィゴツキーの「思考と言語」に基づく論は参考になる。

　デューイは，学習とは「日常生活の中で出合う具体的な問題」を子どもが自分で捉え，仮説を立てたりして，自分たちで能動的に解決しようと取り組む。そして，問題解決の過程を通して，法則の理解や科学的思考の方法・能力の習得を図ることであると説いた。

　ブルーナーは，知識を構造として学習させることによって，科学的概念を子ども自らが発見していく「発見学習」論を提唱した。「構造」とは学習する事柄の本質，物事の関連性のことを指す。「問題解決学習」も「発見学習」も，ただ理論を教え込むのではなく子どもに発見や感動を伴った経験をさせることを重視し，それらの過程を経て子ども自らが知識を構築していくのである。

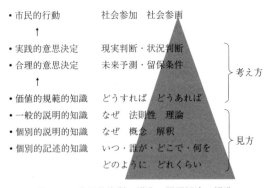

図6-2　公民的資質の構造＝問題解決の構造
出典：筆者作成。

（3）社会科の目標と社会認識の構造

　以上の論を基として，社会科の目標である「公民的資質」を構造化した（図6-2）。このような「知識の構造化」は，森分孝治や岩田一彦，小原友行，北俊夫らによっても成果が発表されている。

① 個別的記述的知識

　社会の表面に現れている（いた）事実に基づく知識を指す。通常，教科書はこの個別的記述的知識によって書かれている。したがって，教科書の記述をたどるだけの授業や観察や調査によって社会の表面上の事実を調べる授業は，この個別的記述的知識をなぞるだけで終わってしまい，知識が発展していかない問題が指摘できる。網羅的で知識偏重の学習に陥ってしまう原因は，ここにある。ただ中学年の地域学習では，個別的記述的情報を丹念に観察・調査させたい。この観察・調査が「なぜ」という知的探究の礎となるからである。

② 個別的説明的知識

　個別な社会的事象の因果関係や関係性を説明する知識である。「なぜ」という問いに基づく概念・解釈を指す。社会科の各単元では，まずここまでの知識獲得に重点をおきたい。北俊夫は，「学習問題とは何か・なぜ必要なのか」として次のように述べている（北，2011）。

第6章　社会科授業構成論と授業づくり

　授業における学習問題は，子どもたちが夏休みに取り組む自由研究と違って，何でもいいというわけにはいかない。子どもたちの主体性を尊重するあまり，「どんなことを調べたいですか」と聞くことには問題がある。何のために調べるのかという目的意識がないままに，「調べたいこと」を聞いたところで，価値のある学習問題は生まれない。学習問題づくりには，教師の周到な準備と計算が必要になる。学習問題には，次のような要件が備わっているとよい。

- 学習問題を追究していくと，単元（小単元）の理解に関する目標を実現していく関係にあること。
- 学習問題は，資料を読み取ったり，教師の発問にもとづいて話し合ったりしながら，気づいていく疑問がベースになって生まれるものであること。それには子どもが既にもっている知識や見方では解釈，説明できない場面との出会いが必要である。
- 学習問題に対して，子どもが自分なりに根拠をもって予想ができ，それを検証する計画を立てることができること。学習問題は単なる疑問ではなく，問題解決への切実性と見通しをもったとき，本物の学習問題となる。

　なぜ，学習問題にこだわるのか。それには，つぎのような理由が考えられる。

- 子どもに学習問題を意識させることによって，学習の目的が明確になり，学ぶ意欲や主体的な学習態度を育てることができる。
- 学習問題を設定し追究していくことにより，教師による知識伝達の授業を克服し，子ども自身による知識獲得型の授業に転換することができる。

　こうした役割をもっている学習問題は，「スーパーマーケットのひみつを調べよう」とか「ごみはどのように始末されているか」といった事実を認識するための学習問題では不十分である。「スーパーマーケットはなぜ閉店してからも，店の中が明るいのか」「ごみの始末をなぜ市の仕事として行っているのか」といった学習問題の方が，子どもの思考が誘

81

発される。社会の仕組みや働きが認識できるような学習問題を設定することによって、社会認識が一層深まり、社会の形成にかかわろうとする意識や態度も育っていく。

　このような考え方は、認知心理学の立場からも説明できる。スキーマ理論や子どもの経験や暗黙知を知識獲得に結びつける「先行オーガナイザ」などについては、理解を深めておきたい。

　以上の考え方に基づく小学校の「学習問題」としては、たとえば次のようなものが考えられる。

■単元「水はどこから」（京都府相楽東部広域連合立南山城小学校の例　平成26年10月）

まちの１カ月の水道料金
- 京都市　　　2614円
- 奈良市　　　1720円
- 精華町　　　2010円
- 木津川市　　2625円
- 笠置町　　　2200円

- 南山城村
　　　→　　　4347円
学習問題
南山城村の水道りょうきんは、なぜ高いのだろう？

　また小学校の場合、上記以外にも次のような学習問題が考えられる。子どもたちは、それぞれの「なぜ」に対して予想し、その予想を様々な情報から確かめ、さらに相互間で情報や見方・考え方を交流する過程を経て、知識獲得・概念形成（解釈）をしていくのである。

- 武田さんのつくったメロンは、なぜ高くても売れるのだろう？
- 35年間もひらかれなかった嵯峨大念仏狂言は、なぜふっかつしたのだろう？
- なぜ、魚の漁をする人たちが山に木をうえているのだろう？

③　一般的説明的知識

　個別的説明的知識から導きだされた、社会における法則性や理論のことを指す。たとえば、「作物をつくる人は、おいしい食べ物をたくさんお客さんに届

けるために，つくる工夫・努力と売る工夫・努力をしている」「歴史上どの時代も，国を治めるためにきまり・しくみを整えるとともに，産業の振興などにも取り組んできた」などの知識がこれにあたる。

④　価値的規範的知識～市民的行動

社会的事象に対する「概念・解釈」「法則性・理論」に基づき，どのような社会的行動がよいのかを判断していくための知識である。社会的行動の際には，未来予測（「このようなことが予想されるから○○しよう」など）や留保条件（「Aの場合は○○だが，Bの場合は□□にしよう」など）等に基づく合理的意思決定が求められる。さらに具体的な行動（実践的意思決定）の際には，合理的意思決定では対処できない，現実判断や状況判断が求められる場合もある。小学校の場合，次のような学習問題が考えられる。

> ・わたしたちは，水の使い方をどのようにしていったらよいのだろう？
> ・わたしたちは，ごみをどのように出したらよいのだろう？
> ・日本は食べ物を確保するために，どうすればよいのだろう？
> ・みんなが安心して暮らしていくために，（社会は）どうあればよいのだろう？

以上のような理論仮説と社会認識の構造によって，「児童の主体的・対話的で深い学びの実現」を図り，新学習指導要領に基づく社会科の目標である「グローバル化する国際社会に主体的に生きる平和で民主的な国家及び社会の形成者に必要な公民としての資質・能力の基礎」を養うことができる。

本章では，社会科授業づくりの理論仮説を構成主義，デューイの「問題解決学習」論，ブルーナーの「発見学習」論，ヴィゴツキーの諸論に求めている。これらの理論を総括して，本質的な「問題解決的な学習」論と定義したい。

（4）基本的「学習指導モデル」から「授業計画」へ

「問題解決的な学習」論に基づく「学習指導モデル」は，次のように示すことができる（図6-3）。本学習指導モデルは，社会科のどの単元にも汎用でき

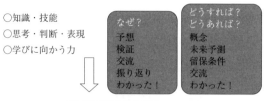

figure 6-3 学習指導モデル
出典：筆者作成。

るモデルである。また，このような学習指導モデルを提示することで，「授業づくり」「授業実施」「授業省察」を有為に循環させ，授業改善を重ねていくことができる。

北俊夫は，学習問題について次のようにも述べている（北，2011）。社会生活は毎日が問題解決の連続であることから，このような学習は，子どもたちの「生きる力」や知的好奇心にも大きな影響を与えることを示唆している。

　　学習問題がなぜ必要かという課題は，単に授業レベルにおいて求められるだけでない。人生を主体的に生きていくために，また生涯にわたって学び続けていくために必要となるキーワードが学習問題である。

4　授業づくりと学習指導案

（1）学習指導案の意義

　学習指導案は，児童に「どのような力を育成するために」「どのような内容を」「どのような教材や資料を用いて」「どのように学習指導していくのか」を具体的に述べるものであり，そこには意識・無意識にかかわらず授業者のもっている「理論仮説」や「学習指導モデル」が内包される。また，学習指導案を作成することによって，授業者は単元の意味や本質を深く理解し，児童理解を

第6章　社会科授業構成論と授業づくり

進め，学習指導方法についての研究を重ねていく。この一連の流れを一般的に
「教材研究」と呼んでいる。学習指導案は，教材研究に基づいて授業構想を具
体化・具現化していく，授業の設計図（計画書）の役割をもっている。

　学習指導案は授業参観や授業研究の際にも用いられ，授業の計画や進行，評
価の観点等を共有する資料ともなる。したがって，学習指導案は自身だけがわ
かればよいものではなく，一般的に共有された語句や用語を用い，明確かつ簡
潔に記述することが求められる。授業後の検討会では，学習指導案と授業記録
に基づいて授業の振り返りと省察がなされる。このような PDCA（plan, do,
check, action）によって，授業改善が有為になされるのである。

　教育実習の際には，ほぼ毎回の授業で学習指導案の作成（日々の授業は「略
案」，研究授業は「細案」）が課される。学習指導案には決まった様式はなく，上
述したように，それぞれの学校・授業者が，それぞれに検討された「理論仮
説」や「学習指導モデル」に基づいた様式をもっている。学習指導案作成の大
まかな手順を，下に記しておく。

　単元（ある程度の学習内容や学習活動のまとまりを指す）の確定　→　学習指
導要領の「2　内容」の該当箇所や同解説の記述を確認　→　単元目標（評価）
を「知識・技能」「思考・判断・表現」「学びに向かう力」の3点から明示　⇔
単元観・児童観・指導観の記述　→　単元の指導計画作成　→　本時の指導計画
作成　→　評価計画の作成

（2）学習指導案の実際

　以下では，本章で示した「理論仮説」「学習指導モデル」を内包する学習指
導案を，書き方とともに実例で示す。本様式は，非常にオーソドックスな様式
である。

社会科学習指導案

1．日　時　平成〇〇年〇月〇日（〇）　第〇校時
2．学　年　第〇学年〇組　〇〇名

85

３．単元名　水産業のさかんな地域

４．単元目標（３つの観点に基づいて記述すること）

【知識・技能】

　日本の水産業の現状（漁場・主な漁港・水揚げ高・流通等）や特色（発達や課題）は自然的条件や社会的条件と深い関わりがあること，水産業は国民の食料の確保に重要な役割を果たしていること，そのために様々な取り組みがなされていることがわかる。またその際に，数値データや統計，地図やグラフなどを読み取ることができる。

【思考・判断・表現】

　「問い」を持って日本で古くから水産業がさかんな理由，最近の漁獲量が減少している理由などを考え，自身の言葉や文章で説明することができる。また，日本の今後の水産業や食料確保のあり方を，学んだことに基づいて説明することができる。自身と他の児童の意見の違いに気づき，交流によってさらに考えを深めることができる。

【学びに向かう力】

　身近な事例（食べ物・人々の取り組みなど）から水産業に関する関心を持ち，「問い」をもって日本の水産業の特色や課題を探究し，今後の水産業や食料確保のあり方を提案することができる。

５．単元観

※　学習指導要領「２　内容」の記述に基づいて，「日本の水産業」を研究する。

　本単元は，学習指導要領第５学年の「２　内容」の(2)を受けている。

　日本の水産業は恵まれた自然環境（地形や海流）を生かして営まれ，古くから国民の食生活と密接な関わりをもっている。その形態は個人経営の沿岸漁業，沖合漁業から企業経営の遠洋漁業，栽培漁業まで様々である。漁業別漁獲高は沖合漁業が最も多くなっているが，総合的に見て漁獲高は年々減少してきている。その原因は，自然環境の悪化による漁業資源の減少などの自然的要因，国民の食生活の変化，漁業従事者の離職・高齢化などの社会的要因にある。しかしながら，水産業は国民の生活を支える重要な産業に変わりはない。現在は，漁業技術の改善や水産資源の保護・育成を図るための栽培漁業，新たな水産資源の開発などの取り組みが盛んに行われている。

　本単元では，自然的要因や社会的要因から日本の水産業の特色や課題を明らかにすると共に，水産業に従事する人々の工夫や努力，苦労などを学習する。そして，今後の水産業や国民の食料確保のあり方を考えていくことがねらいである。

６．児童観

※　単元目標の３観点に基づいて，水産業を学習するにあたっての児童の実態：生活経験や学習履歴，興味関心や学力の状況（レディネス）等を把握する。

第6章　社会科授業構成論と授業づくり

　私たちは毎日，たくさんの水産物を消費している。子ども達も家庭や給食で様々な水産物を食しているが，それらの水産物がどこから運ばれてくるかに思いを巡らすことはあまりない。また本校は内陸部に位置しているため，水産業に従事する人々の姿を思い描くことは稀で，水産業の実態を実感的に理解している児童は少ない。さらに，日本が世界的に見て水産物の消費が多い国であることや水産業の盛んな国であることを知っている児童は少なく，水産業が毎日の食生活を支える重要な産業であることを認識している児童も多くない。

　5学年の社会科では，前単元「農業のさかんな地域」で主食である米を中心に学習をした。具体的には，地図や数値データ，統計資料などを読み取り，「なぜ？」という問いをもって日本の米作りの特色や課題を自然的要因と社会的要因から考察した。本単元も基本的な授業構成は変わりなく，農業の学習から類推できることも多いと考える。ただ，基礎的な資料の読み取りはできつつあるが，そこから問いを持って社会的事象の意味や意義，因果関係やしくみなどを論理的に考察していく力はついていない。また，客観的根拠に基づく自身の見方や考え方を言葉や文章で表現していくことも課題である。

7．指導観

※　単元観・児童観に基づいて，単元の指導構想を述べる。

　単元の導入では，児童になじみの深い「回転寿司」を取り上げる。「回転寿司」のネタには様々な水産物があるが，例えば「あじ」「いわし」「さんま」等は沿岸・沖合漁業，「まぐろ」等は遠洋漁業，「たい」「はまち」「かき」等は栽培漁業が中心である。また「回転寿司」には輸入水産物や新たな水産資源としてのネタも導入されており，日本の水産業の特色や課題を総合的に捉えていく際に活用しやすい教材と言える。このような身近な事例から，「日本では毎日どれくらいの水産物を食べているのだろう」「何をどれくらい食べているのだろう」「どこで獲れるのだろう」という問いを引き出す。

　単元の展開Ⅰでは，主に水産業に係る自然的要因の学習をする。まず，地図や数値データ等を用いて水産業の盛んな地域（主な漁港など）を沿岸漁業・沖合漁業・遠洋漁業・栽培漁業等の漁業形態別に整理する。そして，「なぜ，そのような地域で水産業が盛んなのか」を考察し，地形や位置，海流などとの関係を明らかにする。

　単元の展開Ⅱでは，水産業に係る自然的要因と社会的要因を総合的に学習する。まず，水産業の盛んな地域の典型事例である八戸市の漁業を取り上げ，「なぜ，1日にこんなにも多くの魚を水揚げできるのか」「なぜ，1日にこんなにも多くの水産物を出荷できるのか」の問いから水産業に携わる人々の工夫や努力，苦労などを考察していく。次に，「なぜ，とる魚に合わせて漁法を変えたり，漁期を決めたりしているのか」「なぜ，漁獲高が減少しているのか」の新たな問いから，自然環境の悪化や水産資源の減少，漁業従

87

事者の離職・高齢化，日本人の食習慣の変化，輸入量の増加などの課題を明らかにする。

　単元の展開Ⅲでは，「なぜ，漁をする人たちが山に木をうえているのだろう」の問い
から，安定した水産資源の確保と漁業発展のための環境改善の取り組みを具体的に学習
する。このような取り組みは地元の山でも行われており，水産業の将来を自分たちの生
活やまわりの環境と関連づけて考えていくことができる。このような漁業の実際を，身
近な事例と典型的な宮城県の事例から学習する。

　単元の振り返りでは，「将来も水産物を安心して食べていくには，どうすれば（どう
あれば）よいか」を考え，自身の言葉と文章で発信していく。

　これらの学習を通して，我が国の水産業は自然環境と深い関わりを持って営まれてい
ること，国民の生活を支える重要な産業であることを考えるようにする。

　以上のように，社会科授業では自身から学習が始まり，社会的事象を客観的に把握す
ると共に，因果・関連・しくみ等から社会的事象を総合的に解釈し，さらに自身のこと
として，今後の社会のあり方を考えていくことが大切である。

　また，4人班での情報交換や見方・考え方の交流は，協同学習論に基づく。

8．単元の指導計画

※　指導観を更に具体的・体系的に表し，単元の見通しを明示する。本来は，学習内容
（学習問題）や評価の観点なども含め図表形式で記述するが，紙面の関係上，本章では
各項目にとどめる。（　）は単位時間を示す。

① 導　入　　身のまわりの水産物　　　　　　　　　　（1）
② 展開Ⅰ　　水産業の盛んな地域　　　　　　　　　　（2・3）
③ 展開Ⅱ　　水産業を支える工夫や努力　水産業の課題　（4・5・6）
④ 展開Ⅲ　　水産業の発展のために　　　　　　　　　（7本時・8）
⑤ 振り返り　これからの水産業　　　　　　　　　　　（9）

9．本時の指導計画

※　本時の見通しを図表形式で表す。通常，学習内容・学習活動・指導上の留意点・評
価の観点等を示す。

■目　標

　安定した水産資源の確保と漁業発展のためには，山・川・海の環境改善の取り組みが
大切であることを説明することができる。

	学習内容	学習活動	指導上の留意点
導	南山城村の植樹活動 宮城県の植樹活動 ■学習問題の設定	植樹活動のVTRと写真，植樹面積の数値データ等から南山城村と宮城県の植樹活動の概要を読み取る。	大がかりな植樹活動であることに着目させる。漁業関係者による落葉広

入		なぜ，漁をする人たちが山に木をうえているのだろう？	葉樹の植樹に着目させる。（学びに向かう力）
展開	■予　想 ■確かめ 南山城村の植樹活動 木津川漁業組合の取組 宮城県の植樹活動 木津川や松島湾の漁獲高	予想する。 ボランティアではないか。 漁業と関係あるのでないか。等 確かめる。 漁業との関係を確認する。 どのような関係があるか調べる。 例） 毎年，植林活動を続けている。 漁獲高が増えた。品質が良くなった。 川の環境が安定した。海の環境が良くなった。プランクトンが増えた。プランクトンを育てる栄養が森林の腐葉土から川を通じて海に流れ込む。プランクトンが増えると海が豊かになる。宮城県のカキ栽培から始まった取り組みで，全国に広がっている。	だれが植樹活動を行っているかに再度着目させる。 南山城村と宮城県の取り組みを具体的に調べさせる。（資料・VTR・インターネット等） 理科や国語の単元とも関連させる。 ペア→4人班で交流しながら調べ活動を進めさせる。 （知識・技能） ※主体的・対話的学び
振り返り	■学習問題の解決	調べたことを総合して，学習問題に対する説明文を考える。説明文を交流する。 川や海の環境をよくして漁獲高を増やすために植樹をしている。水産業を発展させるためには森や山も豊かでなくてはならない。	個→4人班→全体で進める。気づかなかった考えは，色ペンで補足させる。 協同学習 （思考・判断・表現） ※対話的・深い学び

5　具体的な授業づくりに向けて

　本章では，新学習指導要領に基づく社会科授業づくりの実際を，客観化された社会科授業構成論と学習指導モデルに基づいて提案した。

　新学習指導要領「第3　指導計画の作成と内容の取扱い」では，「児童の主体的・対話的で深い学びの実現を図るようにすること。その際，問題解決への見通しをもつこと，社会的事象の見方・考え方を働かせ，事象の特色や意味などを考え概念などに関する知識を獲得すること，学習の過程や成果を振り返り学んだことを活用することなど，学習の問題を追究・解決する活動の充実を図る

こと」と述べ，学習過程の質的改善を求めていた。本社会科授業は，そのような学習過程の質的改善に資するものである。

　次章以降は，現職経験の豊かな先生方が，各学年の社会科学習指導について具体的に述べている。内包される理論仮説や学習指導モデルに多少の差異はあるが，それを含めて社会科学習指導の実際を読み取っていただきたい。

引用・参考文献

岩田一彦（1993）『小学校社会科の授業分析』東京書籍。

岩田一彦（2001）『社会科固有の授業理論・30の提言——総合的学習との関係を明確にする視点』明治図書。

北俊夫（2011）『社会科学力をつくる"知識の構造図""何が本質か"が見えてくる教材研究のヒント』明治図書。

久保田賢一（2000）『構成主義パラダイムと学習環境デザイン』関西大学出版部。

小林隆（2011）「問題解決的な学習に基づく小学校社会科の授業構築——学習問題の構造に視点をあてて」『佛教大学教育学部論集』第22号，69～79頁。

小原友行編著（2009）『「思考力・判断力・表現力」をつける社会科授業デザイン　小学校編』明治図書。

杉江修治（2016）『協同学習がつくるアクティブ・ラーニング』明治図書。

關浩和（2005）『学力の質的向上をめざす社会科授業の創造』明治図書。

森分孝治（1984）『現代社会科授業理論』明治図書。

学習の課題

(1)　新学習指導要領で求められる授業像を説明しよう。

(2)　新学習指導要領の考え方を実現する社会科授業構成論と学習指導モデルを説明しよう。

(3)　社会科学習指導案作成の要点を説明しよう。

【さらに学びたい人のための図書】

　上記「引用・参考文献」の書籍・文献を丁寧に読んでいただきたい。社会科授業づくり・改善のためのヒントを，随所に発見することができる。対話的で深い学びの視点から，「協同学習」「学び合い」に関する書籍にもあたりたい。

（小林　隆）

第7章 第3学年の学習指導

この章で学ぶこと

　社会科学習のスタート地点である小学校3年生の学習指導はとても重要である。そこでこの章の第1節では，「小学校学習指導要領解説社会編」第3学年の目標を読み解いていく。目標を読み解けば，何をどのように指導すればよいのかがみえてくる。第2節から第4節では，単元の事例を示す。その中で，まずは単元の内容と教材について解説をする。内容と教材を熟知することで，より知的に面白い授業を設計することができる。次に，単元の指導計画の具体例を示す。単元全体の見通しをもって学習を進めることで，子どもが主体的に取り組める授業を展開することができる。そして最後に授業の展開の具体例を示し，授業のイメージをつかめるようにする。

1 3年生の指導で大切にしたいこと

　「社会科の小5ギャップ」という言葉を聞いたことがあるだろうか。これは，小学校3，4年生（地域の学習）では社会見学によく行くので社会科が面白いが，5年生（日本全体の学習）からはあまり社会見学に行かないので，社会科が面白くなくなるということである。つまり，多くの子どもたちが社会科とは「社会見学に行くこと」と捉えているのである。しかし正確には，社会見学は「社会科の学習を面白くするための一つの手段」なのである。それでは，社会科とはどのような手段で，何を学ぶ教科なのだろうか。まずはそういったことを教師がしっかりと把握し，社会科の学習のスタート地点にいる3年生に授業を通じて伝えることがとても重要になる。そこで，より適切な社会科の学習指導ができるようになるために，本節では，小学校社会科第3学年の目標を読み解いて

いく。

　まず，「小学校学習指導要領解説社会編」（平成29年６月）（以下，「解説」）第３
学年の目標（文部科学省，2017，18頁）には，どの学年の目標にも共通している
柱書部分があり，そこには小学校社会科の学習の大まかな流れが示されている。
大まかな流れをわかりやすく示すと以下のようになる。

---

① 　学習の問題を設定する
② 　設定した学習の問題を社会的事象の見方・考え方＊を働かせて，追究・解決
　　していく

＊社会的事象の見方・考え方
・視点：「位置や空間的な広がり」「時期や時間の経過」「事象や人々の相互関係」。
・方法：「比較・分類する」「総合する」「地域の人々や国民の生活と関連付ける」。

　この学習の大まかな流れの中で重視したいのが，学習の問題（以下，学習問
題）の設定である。この学習問題には，次の２つの条件が含まれている。１つ
目は，子どもたちの学習意欲を向上させるものであること。２つ目は，追究・
解決をしていけば，子どもたちが身に付けるべき資質・能力が身に付くもので
あることである。そして柱書部分の後には，学習の大まかな流れを通して育成
するべき資質・能力である「何ができるようになるか」が示されている。そし
て，その中に「何を学ぶのか」「どのように学ぶのか」も示されている。

　次に「知識及び技能」に関する目標（同上，32～33頁）の前半には，理解する
べき内容が示されている。具体的には，「身近な地域や市区町村の地理的環境」
「地域の安全を守るための諸活動」「地域の産業と消費生活の様子」「地域の様
子の移り変わり」の４つである。そして，これらの内容の共通点は「地域」で，
これは「主として自分たちが生活している市区町村の範囲」のことで，３年生
で学習をする空間的な範囲を示している。後半は学習活動（技能）の具体例が
示されている。それは，「見学や観察」「聞き取り」（調査活動）をしたり，「地
図帳」「平面地図や立体地図」「写真」「実物」（地図帳や各種の具体的資料）を
使ったりして，必要な情報を集めてまとめる活動である。

　そして「思考力，判断力，表現力等」に関する目標（同上，33～34頁）の前半

には，「知識及び技能」に関する目標の達成に向けて，「社会的事象の特色や相互の関連，意味」を考えたり，「社会への関わり方」を選択・判断したりすると示されている。後半は，学習の中で考えたり，選択・判断したりしたことを「文章で記述したり，資料などを用いて説明したり話し合ったり」して表現すると示されている。つまり，ここでも学習活動の具体例が示されているのである。

　最後に「学びに向かう力，人間性等」に関する目標（同上，34頁）の前半には，態度について示されている。具体的には，「意欲的に調べ」「粘り強く考えたり」「調べたことや考えたことを表現しようとしたりする」「学習成果を基に，生活の在り方やこれからの地域社会の発展について考えようとする」と示されている。後半は，学習活動を通して考えたり理解したりしたことをもとに涵養される「地域社会に対する誇りと愛情，地域社会の一員としての自覚」について示されている。つまり，「学びに向かう力，人間性等」に関する目標が究極的な目標と言い換えることもでき，柱書部分と「知識及び技能」「思考力，判断力，表現力等」は「学びに向かう力，人間性等」に関する目標を達成するための手段ともいえるのである。

　2 　事例1「わたしたちのまち　みんなのまち」

（1）単元の内容と教材について

　本単元は，「地理的環境と人々の生活」にあたる内容で，中学校社会科の地理的分野につながるものでもある。取り扱う具体的な内容は，「都道府県内における市の位置」「市の地形」「土地利用」「交通の広がり」「市役所など主な公共施設の場所と働き」「古くから残る建造物の分布」などである。そして，以下に取り上げる教材の例を内容ごとに示す（文部科学省，2017，34〜38頁）。

【都道府県内における市の位置】

・都道府県全体から見た自分たちの市や隣接する市のなどの位置や位置関係

【市の地形】

- ・土地の低いところ　・土地の高いところ　・広々と開けた土地
- ・山々に囲まれた土地　・川の流れているところ　・海に面したところ　など

【土地利用】

- ・田の広がり　・畑の広がり　・森林の広がり　・住宅の分布　・商店の分布
- ・工場の分布　など

【交通の広がり】

- ・主な道路の名称や主な経路　・主な鉄道の名称や主な経路　など

【市役所など主な公共施設の場所と働き】

- ・市（区）役所・町（村）役場
- ・学校　・公園　・公民館　・コミュニティセンター　・図書館　・児童館
- ・体育館　・美術館　・博物館　・資料館　・文化会館　・消防署　・警察署
- ・交番　・裁判所　・検察庁　・港　など

＊多くの市民が利用したり，市民のために活動したりしている施設。
＊多くの公共施設は市役所によって運営されていることに触れることが大切。
＊災害時における避難場所は市役所において指定されていることに触れることが大切。

【古くから残る建造物の分布】

- ・神社，寺院，伝統的な家屋などの建造物の位置や広がり，いわれ
- ・門前町，城下町，宿場町などの伝統的なまち並みの位置や広がり，いわれ

　上記の例の中から，実際に教材として取り上げるものの数を絞り込みながら具体的に決定しなければならない。そのときに参考にすべきことが，「解説」の中の本単元の内容に示されている。

　ア　次のような知識及び技能を身に付けること。
　　(ア)　身近な地域や自分たちの市の様子を大まかに理解すること。
　　(イ)　観察・調査したり地図などの資料で調べたりして，白地図などにまとめる

第7章　第3学年の学習指導

こと。
イ　次のような思考力，判断力，表現力等を身に付けること。
　(ア)　都道府県内における市の位置，市の地形や土地利用，交通の広がり，市役所など主な公共施設の場所と働き，古くから残る建造物の分布などに着目して，身近な地域や市の様子を捉え，場所による違いを考え，表現すること（下線部：筆者）。

　下線部が，本単元における学習の要点であり，本単元で指導する内容と子どもたちが身に付けるべき資質・能力を端的に表現している箇所である。つまり，目の前の子どもたちが「身近な地域や市の様子を捉え，場所による違いを考え，表現できるようになる」ために，教材として最適なものを学校周辺から探すのである。以下に教材として最適なものを探すときの留意点を示す。

①　様々な地図を見る

　必ず教師自身が地図を見るようにしたい。そのときに，子どもたちが使用する地図帳だけではなく，道路地図や観光地図，市役所などの公の機関が発行している地図や地形図など，様々な地図を見るようにしたい。そして，学校周辺と市全体の様子を俯瞰し，教師自身が身近な地域や市の様子を捉え，場所による違いを考えるようにしたい（俯瞰できる場所としては学校の屋上などの高いところもある）。そして，本単元では地図は子どもたちが調べるときに使う重要な資料になるので，資料として最適な地図を同時に選ぶようにする。さらには，方位（四方位と八方位）や地図記号，白地図（調査・観察したり調べたりしたことをまとめるために使う）も大切な教材になるので，どの場面でどのようなものを取り上げるのかを合わせて考えておきたい。

②　見学や観察の候補地には必ず下見に行く

　本単元でも見学や観察といった調査活動はとても重要になる。まずは地図で候補地を探し，必ず下見に行くようにする。下見の目的は，第一に安全の確保である。第二に子どもの目線でその場所とその場所に行くまでの経路を見て，目標に沿った気づきや発見を子どもたちができるかどうかを確認したい。

95

③ 年間指導計画を念頭に置く

　本単元はこの後に学習する内容の基礎になる。そこで，この後の単元で取り上げる教材に子どもたちができるだけ触れられるようにする。たとえば，スーパーマーケットやコンビニエンスストア，消防署や警察署などを通るように，見学のコースや範囲を設定するといったことが考えられる。

（2）単元の指導計画の具体例

「わたしたちのまち　みんなのまち」（全18時間）

　第一次　学校の周りのまちの様子を調べよう……10時間

　• 学校の周りのまちはどんなまちなのかを考える（1時間）

　• 学習問題をつくる（1時間）

　• 学習問題を解決する方法を考える（1時間）

　• 調査をする（6時間）

　• 調査をして発見したことや気づいたことなどを交流する（1時間）

　第二次　地図記号や地図（地形図）のひみつをさぐろう……3時間

　• 地図記号の意味を知る（1時間）

　• 地図（地形図）の見方を知る（1時間）

　• 地図（地形図）から学校周辺のまちの様子を捉える（1時間）【本時】

　第三次　市の様子を調べよう……5時間

　• 地図（地形図）や写真などの資料から市の山地の様子を捉える（2時間）

　• 地図（地形図）や写真などの資料から市の市街地の様子を捉える（2時間）

　• 市の様子をまとめる（1時間）

（3）授業の展開の具体例

① 本時の目標

　• 地形図から，学校の周りのまちの様子を捉える。【知識及び技能】

② 本時の展開

◎学習活動と内容 （○予想される児童の反応）	◇指導上の留意点／□支援／◆評価 （教師の活動）	準備物資料など
◎学校周辺の地形図を見て，気づいたことを交流する。 〈西〉 ○お寺がたくさんあるよ。 ○見学した区役所があったよ。 ○裁判所を見つけたよ。 ○発電所のマークも見つけた。 ○交番はあったけど，警察署がなかったよ。 〈東〉 ○田んぼや荒地もある。 ○竹林があったよ。 ○針葉樹林や広葉樹林がある。 ○東が山みたいになっている。 〈南〉 ○川がたくさん流れている。 ◎学校周辺がどんなところなのかを整理する。 ○西にはたくさん建物がある。 ○東は山のようになっている。 ○南には大きな川がある。	◇地形図の正確な読み取り方にこだわりすぎない。 □寺院のように，たくさんあるものに関しては，おおよそのような場所にあるのかを児童に問いかけ，地形図をおおまかに見ることができるようにする。 □まちたんけんで児童が行ったことがある場所に関しては，適宜写真を提示して，地形図が示す場所のイメージをもちやすくする。 □最後の整理をしやすくするために，児童の意見を方位ごとに分けて板書をする。 ◆地形図から，学校の周りのまちの様子を捉えられたか。 【知識及び技能】	プリント 電子黒板 地形図 写真

③ 評価の観点

・地形図から，学校の周りのまちの様子を捉えられたか。【知識及び技能】

3 事例2 「はたらく人とわたしたちのくらし」

（1）単元の内容と教材について

　本単元は，「現代社会の仕組みや働きと人々の生活」にあたる内容で，中学校社会科の公民的分野にもつながるものである。取り扱う具体的な内容は，「生産の仕事」と「販売の仕事」である。以下に取り上げる教材の例を内容ご

97

とに示す（文部科学省，2017，38〜41頁）。

【生産の仕事】

〈身近な地域にある〉•農家の仕事　•工場の仕事　•木を育てる仕事
　　　　　　　　　•魚や貝などを採ったり育てたりする仕事　など

【販売の仕事】

〈身近な地域にある〉•小売店　•スーパーマーケット　•コンビニエンスストア
　　　　　　　　　•デパート　•移動販売　など

　上記の例の中から，実際に教材として取り上げる仕事の数を絞り込みながら具体的に決定しなければならない。そのときに参考にすべきことが，「解説」の２　第３学年の内容（２）に示されているので，これを読み解いていく。
　まずは生産の仕事について，その内容を端的に表現すると以下のようになる。

【生産の仕事】

　仕事の種類や産地の分布，仕事の工程などに着目して，見学・調査したり地図などの資料で調べたりして，白地図などにまとめ，生産に携わっている人々の仕事の様子を捉え，地域の人々の生活との関連を考え，表現することを通して，生産の仕事は，地域の人々の生活と密接な関わりをもって行われていることを理解できるようにする（下線部：筆者）。

　下線部が，生産の仕事の学習における要点である。つまり，生産の仕事と地域の人々の生活との関連を考え，理解することが中心となる。そして，上記の内容をさらに具体的に示すと以下のようになる。
○仕事の種類に着目する

　•市内に見られる農作物や工業製品などをつくる仕事の種類について調べる

○産地の分布に着目する

　•市内における田や畑，工場などがある場所の分布について調べる

第7章　第3学年の学習指導

○仕事の工程に着目する

- 農家や工場などの仕事に見られる原材料の仕入について調べる
- 施設・設備について調べる
- 働く人の仕事の手順について調べる
- 生産物の販売の様子について調べる

○見学・調査したり地図などの資料で調べたりして，白地図などにまとめる

- 農家や工場などを見学したり，地図などの資料で生産の仕事の種類や産地の分布を調べたりして，市の白地図などにまとめる

＊以下の技能を身に付けるようにすることが大切。
- 見学・調査して必要な情報を集める技能。
- 地図などの資料から分布や地域間のつながりなどを読み取る技能。
- 方位や位置などを確かめながら，調べたことを白地図などにまとめる技能　など。

○地域の人々の生活との関連を考える

- 生産の仕事の様子と地域の人々の生活を結び付けて，地域に見られる販売の仕事との関連を考える

○表現する

- 文章で記述する
- 白地図などにまとめたことを基に説明する

○生産の仕事は，地域の人々の生活と密接な関わりをもって行われていることを理解する

- 自分たちの住む地域には様々な生産に関する仕事がある
- 産地は市内に分布している
- 生産するには一定の順序や工程がある
- 地域で生産された物は地域の人々の生活に使われている　など

次に販売の仕事について，その内容を端的に表現すると以下のようになる。

99

【販売の仕事】

> 　消費者の願い，販売の仕方，他地域や外国との関わりなどに着目して，見学・調査したり地図などの資料で調べたりして，白地図などにまとめ，販売に携わっている人々の仕事の様子を捉え，それらの仕事に見られる工夫を考え，表現することを通して，<u>販売の仕事は，消費者の多様な願いを踏まえ売り上げを高めるよう，工夫して行われていることを理解できるようにする</u>（下線部：筆者）。

　下線部が，販売の仕事の学習における要点である。つまり，消費者の多様な願いを踏まえ売り上げを高めるための工夫を考え，理解することが中心となる。そして，上記の内容をさらに具体的に示すと以下のようになる。

○消費者の願いに着目する

> ・家族などがよく買い物をする店について調べる
> ・買い物する際の工夫について調べる

＊個人のプライバシーに十分配慮する必要がある。

○販売の仕方に着目する

> ・商品の品質管理について調べる
> ・売り場での並べ方や値段の付け方について調べる
> ・宣伝の仕方について調べる　など

○他地域や外国との関わりに着目する

> ・外国を含めた商品の産地や仕入れ先の名称と位置について調べる
> ・買い物に来る客の居住地の範囲について調べる　など

＊商品の仕入れ先を調べる際，地図帳などを使って，都道府県や外国の名称と位置を確かめる。
＊自分たちの消費生活を支えている販売の仕事は国内の他地域や外国と結びついていることに気付くように指導する。
＊外国を取り上げる際，わが国や外国には国旗があることを理解させるとともに，それを尊重する態度を育てるようにすること。

○見学・調査したり地図などの資料で調べたりして，白地図などにまとめる

> ・商店などを見学したり，地図などの資料で商品の仕入れ先や商圏を調べたりして，市の白地図などにまとめる

第7章　第3学年の学習指導

＊以下の技能を身に付けるようにすることが大切。
　• 見学・調査して必要な情報を集める技能。
　• 地図などの資料から分布や地域間のつながりなどを読み取る技能。
　• 方位や位置などを確かめながら，調べたことを白地図などにまとめる技能　など。

○仕事に見られる工夫を考える

> • たとえば，観点を設けて，販売の仕方を分類したり，それらと消費者の願いを
> 　関連付けたりして，販売の仕事に見られる工夫を考える

○表現する

> • 文章で記述する
> • 図表などにまとめたことを基に説明する

○販売の仕事は，消費者の多様な願いを踏まえ売り上げを高めるよう，工夫して行われていることを理解する

> • 販売の仕事は消費者の需要を踏まえて売り上げを高めるよう工夫している
> • 商店では商品の品質や並べ方，値段の付け方などを工夫して販売している
> • 販売の仕事は商品や人を通して国内の他地域や外国とも関わりがあるなど

　上記の内容に沿って指導をしたり，上記の資質・能力を目の前の子どもたちが身に付けたりすることができるようになるために教材として適切な仕事を選択するのである。そして，この単元でも見学や観察といった調査活動はとても重要になるので，見学に行くことができるかどうかは選択をするときに重要な判断基準となる。

（2）単元の指導計画の具体例

「はたらく人とわたしたちのくらし」（全18時間）

第一次　仕事について考えよう……2時間

• 学習問題をつくる（2時間）

第二次　販売の仕事について考えよう〈スーパーマーケット〉……8時間

• 消費者の視点と販売者の視点からスーパーマーケットの仕事について考え

101

る（1時間）

- 調査方法を考える（1時間）

- 調査をする（4時間）

- 調査をして発見したことや気づいたことなどを交流する（2時間）【本時
  1／2】

第三次　生産の仕事について考えよう〈牛乳工場〉……8時間

- 牛乳がどのようにしてつくられているのかを考える（1時間）

- 調査方法を考える（1時間）

- 調査をする（3時間）

- 調査をして発見したことや気づいたことなどを交流する（2時間）

- 単元のまとめをする（1時間）

（3）授業の展開の具体例

① 本時の目標

- スーパーマーケットの見学などの調査から，スーパーマーケットで働く
  人々の工夫を考える。【思考力，判断力，表現力等】

② 本時の計画展開

◎学習活動と内容 （○予想される児童の反応）	◇指導上の留意点／□支援／◆評価 （教師の活動）	準備物資料など
◎「お客さんにとっていいスーパーマーケットか」について考える。 〈いいと思う〉 ○いろんなところでとれたりした，たくさんの商品が整理してきれいに置いてあったから。 ○定員さんが親切で丁寧だから。 〈ふつうだと思う〉 ○値段が税抜き表示されていて，わかりにくかった。 ○商品が多すぎて，何が何だかわからなかった。	□全員の意見がわかるように，ネームプレートをホワイトボードに張り付ける。 ◇意見の根拠をはっきりとするように助言する。 ◇少数意見から議論を展開するようにする。 ◇スーパーマーケットで働く人々の工夫につながるように議論を整理していく。	プリント ネームプレート スーパーマーケットに行ったときの写真

第7章　第3学年の学習指導

◎「働いてみたいスーパーマーケットか」について考える。 〈働いてみたいと思う〉 ○「ありがとう」と言われるためにがんばれるから。 ○いろんな人を笑顔にしてみたいから。 ○楽しそうだから 〈働いてみたいと思わない〉 ○商品が置いてある場所を覚えないといけないから。 ○立ちっぱなしだから。 ○レジの使い方を覚えるのが大変そう。 ◎次時の学習課題を確認する ・スーパーマーケットで働く人々の工夫をまとめる。	◇生産地に関する意見が出たら、地図で場所を確認したり、外国であれば国旗の話題に触れたりもする。 ◆スーパーマーケットの見学などの調査から、スーパーマーケットで働く人々の工夫を考えたか。 【思考力，判断力，表現力等】	日本地図 世界地図（国旗のわかるもの）

③　評価の観点

・スーパーマーケットの見学などの調査から，スーパーマーケットで働く人々の工夫を考えたか。【思考力，判断力，表現力等】

4　事例3「かわってきた人々のくらし」

（1）単元の内容と教材について

　本単元は「歴史と人々の生活」にあたるもので，中学校社会科の歴史的分野につながるものである。本単元の内容を端的に表現すると以下のようになる（文部科学省，2017，44〜48頁）。

　　交通や公共施設，土地利用や人口，生活の道具などの時期による違いに着目して，聞き取り調査をしたり地図などの資料で調べたりして，年表などにまとめ，市や人々の生活の様子を捉え，それらの変化を考え，表現することを通して，<u>市や人々の生活の様子は，時間の経過に伴い，移り変わってきたことを理解できる</u>

103

> <u>ようにする</u>（下線部：筆者）。

　取り扱う具体的な内容は，「交通」「公共施設」「土地利用」「人口」「生活の道具」などであり，これらの「時期による違いに着目すること」が本単元の最大の特徴である。つまり，時間軸による比較をしたり，時間の経過による変化を捉えたりすることであり，子どもたちにとっては初めての本格的な歴史の学習になる。そして，下線部がこの学習における要点である。以下では，上記の内容をさらに具体的に示す。

○交通の時期による違いに着目する

> 〈整備される前や整備された後の市の様子，及び現在の市の様子について調べる〉
> ・市内の鉄道，市内の主要な道路　など

○公共施設の時期による違いに着目する

> 〈公共施設が建設された頃と現在の市の様子について調べる〉
> ・自分たちの学校　・中央図書館　・公民館　・資料館　など

　＊市が公共施設の整備を進めてきたことを取り上げ，その際，租税の役割に触れること。

○土地利用の時期による違いに着目する

> 〈大きく変わった市の土地利用の様子について調べる〉
> ・大きな団地などの住宅開発　・工業団地の建設　など

○人口の時期による違いに着目する

> ・現在に至るまでに増加したり減少したりして変化してきた市の人口について調べる

　＊市町村の合併による市の広がりなどに触れることも大切。
　＊表や棒グラフを活用するなど，増減の傾向を大まかに捉えるようにすることが大切。
　＊市によっては，少子化や高齢化が進んでいることや外国人居住者が増え国際化が進んでいることなどに触れることも大切。
　＊これからの市の発展に関心をもち，将来について考えたり討論したりすることができるよう指導することが大切。

○生活の道具の時期による違いに着目する

第7章　第3学年の学習指導

> 〈電化製品が普及する前と普及した後，及び現在の生活の中で使用している道具
> 　の使い方や生活の様子について調べる〉
> • 炊事や洗濯など家事に使用する道具
> • 明かりや暖をとる道具

○聞き取り調査をしたり地図などの資料で調べたりして，年表などにまとめる

> • 博物館や資料館などの関係者や地域の人などへの聞き取り調査をしたり，関係
> 　機関が作成した資料などで調べたりして，年表などにまとめる

　＊以下の技能を身に付けるようにすることが大切。
　　• 聞き取り調査で必要な情報を集める技能。
　　• 地図や写真などの資料を見比べながら，移り変わりなどの情報を読み取る技能。
　　• 時期の区分や時間の経過に沿って，調べたことを年表などにまとめる技能　など。
　＊ （年表では）昭和，平成など元号を用いた言い表し方などがあることを取り上げる。
　　• 明治，大正などの元号や江戸時代などの言い表し方があることを取り上げる。
　　• 市の様子の移り変わりを年代順に整理できるようにすることが大切。

○市や人々の生活の様子は，時間の経過に伴い，移り変わってきたことを理解
する

> 〈自分たちの市は，昔から今に至る時間の経過に伴って〉
> • 駅や道路などの交通網が整備されてきた
> • 公共施設などが建設されてきた
> • 土地利用の様子や人口が変化してきた
> • 生活で使う道具などが改良され変わってきた　など

　上記の内容に沿って指導をしたり，上記の資質・能力を目の前の子どもたち
が身に付けたりすることができるようになるために教材として適切なものを選
択するのである。そして，選択をするときの留意点を以下に示す。
　①　「わたしたちのまちみんなのまち」で学習したことが活用できる教材に
　　する。
　②　地図や写真などの資料は，昔といまの変化がわかりやすく，一つの資料
　　から上記の複数の内容を指導できるものにする。
　③　見学に行くことができる博物館や資料館の展示物が活かせるようにする。

105

④ 道具については，使用体験ができるもの（洗濯板，七輪など）を選ぶよう
にする。

（2）単元の指導計画の具体例

「かわってきた人々のくらし」（全16時間）

第一次　昔のくらしについて考えよう……1時間

・学習問題をつくる（1時間）

第二次　道具からくらしの移り変わりを考えよう……7時間

・昔はどうやって洗濯をしていたのかを考える（1時間）

・洗濯板を使って，洗濯体験をする（2時間）

・洗濯体験をして気づいたことを交流する（1時間）

・洗濯板から今の洗濯機への移り変わりを考える（1時間）

・博物館へ見学に行く（2時間）

第三次　写真や地図（地形図）からくらしの移り変わりを考えよう……8時
間

・写真からくらしの移り変わりを考える（2時間）

・地図（地形図）からくらしの移り変わりを考える（4時間）【本時2／4】

・調査をして発見したことや気づいたことなどを交流する（1時間）

・単元のまとめをする（1時間）

（3）授業の展開の具体例

① 本時の目標

・約80年前の地形図から，当時の学校の周りの様子を考える。【思考力，判
断力，表現力等】

② 本時の展開

◎学習活動と内容 （○予想される児童の反応）	◇指導上の留意点／□支援／◆評価 （教師の活動）	準備物資料など
◎学校周辺の約80年前の地形図を見	□意見一つひとつを，電子黒板に提	プリント

第7章　第3学年の学習指導

て，気付いたことを交流する。〈いまと変わったとところ〉 ○学校が少ない ○果樹園が多い ○建物が少ない（西に集まっている） ○田んぼが多い（川の近くにある） ○地図記号が違う （田と天皇陵）（畑はない） ○荒地があまりない ○お城がない ○ところどころに池がある 〈いまと変わらないところ〉 ○電車は同じところを走っている ○郵便局や交番はあった ○道の数と名前 ○川の場所	示した約80年前の地図と現在の地形図で確認する。 □地図記号も電子黒板に提示をして確認していく。 ◇地形図の正確な読み取り方にこだわりすぎない。 □必要に応じて電子黒板に写真も提示する。	電子黒板 地形図 地図記号 写真
◎約80年前の学校のまわりの様子を考えて，プリントに記入する。 ○建物が少なかったから，住んでいる人の数も少なかった。 ○今よりも自然がいっぱい。 ○田んぼや果樹園で，自分たちで食べ物を育てていた。	◆約80年前の地形図から，学校の周りの様子を考えられたか。【思考力，判断力，表現力等】	

③　評価の観点

- 約80年前の地形図から，当時の学校の周りの様子を考えられたか。【思考力，判断力，表現力等】

引用・参考文献
京都市小学校社会科教育研究会（2016）『わたしたちの京都3・4年 上』教材研究所。
文部科学省（2017）「小学校学習指導要領解説社会編」。

学習の課題

(1) 実際に地図を持って，あなたの住んでいるまちを歩いてみよう。そして，この章で取り上げた内容に適した教材を探してみよう。

(2) 自分の住んでいるまちの博物館や資料館に行って，まちの歴史について学んでみよう。

(3) この章で示した事例をもとに，自分で単元の指導計画，授業の展開を考えてみよう。

【さらに学びたい人のための図書】

国土交通省国土地理院「地理院地図電子国土 Web」(http://globe.gsi.go.jp/ 2018年2月12日アクセス)。

　　⇨日本全国の地形図を見ることができる。また，紙の地形図も販売されている。

山岡光治 (2010)『地図の科学』SB クリエイティブ。

　　⇨現代生活に密着する地図が，いつ，どこで，誰が，どうやって作っているのかなどがやさしく解説されている。

(池田恭浩)

第8章　第4学年の学習指導

この章で学ぶこと

　4年生の学習指導事例として「わたしたちの県（都道府県）」「住みよいくらしをつくる」「自然災害からわたしたちのくらしを守る」の3つの単元を取り上げて解説する。1つ目の単元では，47都道府県の名称と位置を学習する。本単元は暗記中心となり，子どもたちにとって楽しくない学習になりがちである。ジグソー学習を取り入れ，子どもたちが主体的に学べる学習を提案する。2つ目の単元では，廃棄物の処理について，環境教育の観点から自分たちのライフスタイルについて考えたり見直したりすることを通して，対話的・協働的に学べる学習を提案する。3つ目の単元では，防災教育の観点から，自分たちの地域の現状を踏まえてどのような対策が必要なのかを考える社会参画型の学習を提案する。

1　4年生の指導で大切にしたいこと

　中学年の社会科は「地域学習」と呼ばれ，自分たちの住む町から，市，都道府県と地理的な広がりで学習していく。4年生では，都道府県の学習を主にすることになる。地図帳を活用した学習が重視されており，4年生の学び方の技能として，地図帳を使いこなせるように指導することが重要である。学校だけでなく，たとえば家庭でテレビを見ていて地名が出てきたら地図帳で調べるなど，日頃から地図帳を使う機会を増やすように指導する。

　「都道府県の様子」の学習では，47都道府県の名称と位置を学習する。地図帳を活用し，名称や位置が理解できるようにする。また，県（都，道，府）全体の地形や主な産業の概要，交通網の様子や主な都市の位置などを学習することになっている。地図帳だけでなく，観光パンフレットや路線図などの各種資

料を活用して，多面的に県（都，道，府）の理解ができるようにすることが重要である。

「都道府県の様子」の学習で，県内の概要を把握することにより，「県内の特色ある地域の様子」についての学習で，取り上げる地域が限定的であっても，それらの地域を学習することによって，県全体の理解につながる。なお，ここで取り上げる地域としては，伝統的な技術を生かした地場産業が盛んな地域，国際交流に取り組んでいる地域および地域の資源を保護・活用している地域を学習することになっている。特色ある地域として，新学習指導要領から国際交流に取り組んでいる地域が加えられた。「地場産業」と「国際交流」は必ず取り上げる必要があり，「自然環境」と「伝統的な文化」が選択となる。学習事例で取り上げた地域が，どういう特色があるのかを十分に理解して指導しないと，その地域の学習にとどまり，県内の特色ある地域の学習にはならないことに留意しなければならない。

「健康や生活環境を支える事業」の学習では，公共的な仕事について学び，自分たちの生活が様々な関係機関の働きによって支えられていることを学ぶ。こうした仕事は日常生活の中では見えにくく，理解が難しいので，できる限り社会見学を取り入れることが必要である。「飲料水，電気，ガス」については，選択して取り上げることになっている。浄水場，電力会社，ガス会社が主な見学先となる。「飲料水」を事例として選択することが多いが，電力会社やガス会社は PR 用に見学施設やパンフレットを作成していることがあるので，そうした施設や資料を活用して学習することもできる。「廃棄物の処理」については，ごみか下水のいずれかを選択して取り上げることになっている。ごみを選択する場合は，ごみ問題を環境問題として捉え学習する視点が重要である。その際，電気，ガスなどのエネルギーと関連させて，エネルギー環境教育として学習することもできる。また，下水を選択した場合，「飲料水，電気，ガス」の学習で飲料水を選択すると，上下水道の学習として，2つの小単元を一つにまとめ，大単元として学習することも可能である。そうすれば水の循環を一体的に学習することができる。また，新学習指導要領から，ここでの学習では公

衆衛生の向上に触れることが明記された。

　「自然災害から人々を守る活動」の学習は，近年の自然災害の多さから，新学習指導要領より新しく取り入れられるようになった単元である。社会事象を学習対象とする社会科では，社会や社会環境の変化に対応して学習内容が変わることが多い。自然災害が各地で多発している状況で，防災に対する意識は近年高まっている。社会科学習における防災教育の重要性は大きい。

　関係機関の働きとして，新学習指導要領から，国の機関として自衛隊が例示された。災害時における自衛隊の活動が重要であることが認知されているからであろう。

　「県内の伝統や文化，先人の働き」の学習は，県内の文化財や年中行事は，地域の人々が受け継いできたことや，それらには地域の発展など人々の様々な願いが込められていることを理解することが必要である。したがって，地域の文化財を調べ，それがどういう経緯でつくられたのかを調べたり，年中行事の保存や継承に携わっている人の話を聞いたりする学習が必要となる。そうした学習を通して，地域に対する愛着や誇りをもつことができるようにすることが大切である。地域の発展につくした先人の働きは，当時の世の中の課題や人々の願いなどに着目して，先人の具体的事例を捉えることが必要である。「具体的事例」については，開発，教育，医療，文化，産業などから選択して取り上げることになっている。新学習指導要領から，選択事例として「医療」が加わった。こうした学習は，6年生の人物中心の歴史学習につながるものである。

　2　事例1「わたしたちの県（都道府県）」

（1）単元目標
- 自分たちの県の地理的環境の概要を理解すること。また，47都道府県の名称と位置を理解することができる。
- 地図帳や各種の資料で調べたりして，白地図などにまとめることができる。

• 我が国における自分たちの県の位置，県全体の地形や主な産業の分布，交通
　網や主な都市の位置などに着目して，県の様子を捉え，地理的環境の特色を
　考え，表現することができる。

（2）単元について

　「自分たちの県の地理的環境の概要を理解すること。また，47都道府県の名
称と位置を理解すること」が本単元で求められている知識である。「地理的概
要」とは，「県の位置，県全体の地形や主な産業の分布，交通網や主な都市の
位置など」である。このような内容を理解するには，地形図，土地利用図，都
市集成図など，多様な地図を用いて，県全体の様子を多面的に理解することが
必要である。こうした地図は，観光用パンフレットなどにも掲載されている。
観光案内所などを通して，各種地図を集めるとよい。観光パンフレットには，
観光客が興味をもちやすいように，観光地や観光スポット，その土地の名物
（特産品）や郷土料理などの情報も掲載されている。多様な情報から，県の概要
を理解することができる。観光パンフレットは見やすくわかりやすい工夫が施
されており，子どもにとってもわかりやすく見ているだけで楽しいので，子ど
もたちは楽しんで学習に取り組むことができる。

　県全体を一度に理解することは難しい。多くの県は，地理的，歴史的，文化
的な側面から，いくつかの地域に分けられていることが多い。たとえば，京都
府であれば，丹後地方，丹波地方，山城地方などである。そうしたまとまりご
とで県の特徴を理解することも大切である。

　「47都道府県の名称と位置」の学習は，それだけを丸暗記するのは児童に
とっては苦痛で楽しい学習とはならない。学習内容が膨大にならないよう「47
都道府県の名称と位置」にとどめることになっているが，それ以上学習しては
いけないわけではない。むしろ，「47都道府県の名称と位置」を理解するため
に，関連した情報も併せて理解することが必要である。それはたとえば，人の
顔と名前を覚えるときに，その人の特徴も併せて覚えるのと同じである。

　47都道府県を地方ごとにまとめ，各地方の特色（気候，地形など）と関連させ

て，47都道府県の特徴を理解する。ゲーム形式やクイズ形式にすることで，児童にとって楽しい学習となる。たとえば，都道府県の問題をつくり，互いに問題を出し合う学習が考えられる。ギャングエイジと呼ばれるこの時期の子どもは，競い合ったり，新たなことに挑戦したりすることが好きである。47都道府県クイズ大会やすごろく大会などを企画し，問題作成から運営までを児童に企画させれば，児童の主体的な学習となる。また，知識の定着が求められることから，朝の会で1日1都道府県についての問題を出すなど，帯学習として継続的に取り組む工夫も大切である。

　「地図帳や各種の資料で調べたりして，白地図などにまとめること」が本単元で求められている技能である。地形図，土地利用図，都市集成図などで県の概要について調べたことをまとめるときに，調べたことをそのまま写しているだけでは意味がない。調べたことを自分なりに理解し，再構成することが重要である。そのために，たとえば，オリジナルの観光パンフレットやリーフレット，ガイドブックなどをつくるようにする。すでにあるパンフレットやリーフレット，ガイドブックを参考にし，自分が観光客に一番薦めたいこと（自慢したいこと）は何かを考える。そうすることにより，こだわりをもって調べ，自分の住む県について愛着をもつことができる。できた作品を他地域の人に見てもらい評価してもらう機会をつくることができれば，児童の意欲はさらに向上する。パンフレットやリーフレットづくりは国語の学習としても関連があるので，国語の学習と連動して年間指導計画の中で位置づけておくことも重要である。そうすれば，国語科と社会科の時間数の確保もでき，それぞれの教科の学習を充実させることにもなる。このようなカリキュラム・マネジメントを積極的に行うことが必要である。

　「我が国における自分たちの県の位置，県全体の地形や主な産業の分布，交通網や主な都市の位置などに着目して，県の様子を捉え，地理的環境の特色を考え，表現すること」が本単元で求められている思考力・判断力・表現力である。「我が国における自分たちの県の位置，県全体の地形や主な産業の分布，交通網や主な都市の位置など」を教材化することによって，「県の様子を捉え，

地理的環境の特色を考え，表現すること」が求められている。ここでは，個別の知識の習得に終わるのではなく，そうした知識を関連づけ，県の特色とは何かを考察することが必要である。

　たとえば，都道府県について学習したことを新聞にまとめるとする。その場合，まずどれをトップ記事にするかを考えることが重要である。新聞づくりをした場合，調べたことをそのまま書き写し，県の紹介にとどまっていることが多い。そうではなく，その県の一番の特色（アピールできること）や課題（抱えている問題）は何かを考えることによって，その県の特徴を考察することができる。

（3）指導計画（全7時間）

過程	時数	主な学習活動	身に付けさせたい社会認識
課題把握	1	• 自分たちの住んでいる京都府について知っていることを話し合う。	• 自分たちの都道府県の地理的概要
	2	• 都道府県について調べる計画を立てる。	• 47都道府県の位置と名称
課題追究	3 4	• エクスパートグループで担当する地方について調べる。	• 47都道府県の主な特徴
課題解決	5	• ホームグループで紹介し合う。	• 47都道府県の主な特徴
新たな課題	6 7	• 自分の好きな都道府県を一つ選んで，紹介する新聞をつくる。	• 47都道府県の主な特徴

（4）指導の実際

　本単元では，ジグソー法を応用した「ジグソー学習」を取り入れる。「ジグソー学習」とは，協同学習を促すための学習方法である（友野，2015）。

　まず各班（ホームグループ）の中で，分担する地方（北海道，東北，関東，中部，近畿，中国，四国，九州）を決める。次に，自分と同じ地方を担当する人同士でグループをつくる（エクスパートグループ）。エクスパートグループでは，自分たちが担当する地方について学習する。それぞれの地方に所属する都道府県の地形，産業，特産物などをグループで協力して調べ，学習する。エクスパート

グループでの学習が終わったら，ホームグループに戻り，エクスパートグループで学習した各地方の説明を行う。

　互いに自分が勉強したところを紹介し合って，ジグソーパズルを解くように全体像を協力して浮かび上がらせる手法がジグソー法である。それぞれ自分の勉強した事例については自分しか詳しく知っている人がいないので，他のメンバーに教える必然性が生じるところがこの学習のポイントである。自分が学ぶためには，協力せざるを得ない。グループ学習では，リーダー的な子どもや意見を積極的に言う子どもの影響を強く受けたり，一部の子どもだけが活動して，活動に参加できない子どもが出たりすることがよくある。「ジグソー学習」を取り入れることにより，一人ひとりの責任が明確で，自分しか説明する人がいないという状況をつくることにより，より主体的，協働的な学びをできるようにする。また，ホームグループで説明を行う場合，発表形式（書いてあるものを読むなど）ではなく，自分の言葉で説明し，質疑応答もするようにすれば，対話的な学びとなる。しかし，学力が低い子どもや説明をすることが苦手な子どもに負担になることがある。また，質疑応答の際，相手を説き伏せよう，困らせてやろうという意識が働くことも想定される。個別支援が必要であり，どの子どもも認められる学習集団であることが必要である。ホームグループでは，互いの説明をしっかり聞くように指導し，互いに高め合う学習集団にすることを心掛けることが重要である。

　なお，写真を見せてクイズ形式にしたり，観光パンフレットを使って旅行案内をしたりというふうに，説明の仕方を工夫すると，子どもたちは楽しんで主体的に学習に取り組むことができる。

---

3 事例2「住みよいくらしをつくる——ごみの処理と利用」

（1）単元目標

- 廃棄物を処理する事業は，衛生的な処理や資源の有効利用ができるよう進められていることや，生活環境の維持と向上に役立っていることを理解するこ

とができる。

• 見学・調査したり地図などの資料で調べたりして，まとめることができる。

• 処理の仕組みや再利用，県内外の人々の協力などに着目して，廃棄物の処理のための事業の様子を捉え，その事業が果たす役割を考え，表現することができる。

（2）単元について

　「廃棄物を処理する事業は，衛生的な処理や資源の有効利用ができるよう進められていることや，生活環境の維持と向上に役立っていることを理解すること」が本単元で求められている知識である。「衛生的な処理」とは，ごみの収集および処理を迅速に効率的に行う体制や組織の工夫や有害なガスやにおいを出さないための処理の工夫などである。「資源の有効利用」はリデュース・リユース・リサイクルの３Ｒなど，ごみ減量化のために行う様々な取組みである。地域で行われているそうした活動を具体的に調査することを通して，地域の人々の健康な生活の維持と向上に行政と市民がともに協力して取り組んでいることを理解させることが重要である。

　「見学・調査したり地図などの資料で調べたりして，まとめること」が本単元で求められている技能である。自分たちの家から出たごみが，どこに運ばれどのように処理されるのか，ごみの行方を地図で追っていく。いくつかの地域から集められたごみがごみ処理場に運ばれ，さらに埋め立て処分地に運ばれる。自分たちの健康な生活の維持のために，他の地域とつながっていることを理解させる。

　「処理の仕組みや再利用，県内外の人々の協力などに着目して，廃棄物の処理のための事業の様子を捉え，その事業が果たす役割を考え，表現すること」が本単元で求められている思考力・判断力・表現力である。「処理の仕組みや再利用，県内外の人々の協力など」を教材化することによって，「廃棄物の処理のための事業の様子を捉え，その事業が果たす役割を考え，表現すること」が求められている。ここでは，廃棄物の処理のための事業の様子にとどまるの

第8章　第4学年の学習指導

ではなく，それらの事業の果たす役割を考えることが必要である。たとえば，ごみ処理には莫大な費用がかかること，処理能力には限界があり，新しい施設をつくろうと思っても住民の反対が起きてできないことなどから，ごみの減量化や資源の有効利用をしなければならないことに気がつく。自分たちの生活を見直し，ライフスタイルを改善することも必要である。行動を求めるのが社会科の学習ではないが，自分たちの身の回りに関心をもち，自分の問題として捉え，社会参画に意識をもたせることは社会科で求める資質・能力として必要である。

（3）指導計画（全13時間）

過程	時数	主な学習活動	身に付けさせたい社会認識
課題把握	1	•自分たちの家では毎日どのくらいのごみを出しているのかを話し合う。	•家庭で出るごみの量
課題把握	2	•ごみの出し方を話し合い，ごみを処理する方法について調べる計画を立てる。	•ごみの出し方，きまり •分別収集
課題追究	3〜6	•ごみ処理場に見学に行ってごみを処理する方法を調べる。	•ごみ処理場 •埋め立て処分地
課題追究	7	•ごみ処理にはどのような問題があるのかを話し合う。	•ごみ問題（環境問題）
課題解決	8〜10	•ごみ問題を解決するにはどうすればいいのかを話し合う。	•3R •エコバック
新たな課題	13	•自分たちのライフスタイルを見直し，行動計画を立てる。	•エコ生活

（4）指導の実際

　本単元では，「eカード」（「eカードプロジェクト」研究代表：榊原典子）と呼ばれる，ライフスタイルを考えるカードを教材として使用する。カードには，「子ども部屋」「台所」「洗面・浴室・洗濯」「居間」「買い物」「余暇」の6つの場面の絵が描かれている。「浪費家族」と「再生家族」の2つの家族のライフスタイルを6つの場面で表している。「浪費家族」は，大量消費・大量廃棄の

117

生活をしている家族を想定している。たとえば「台所」の場面で，使い捨ての紙コップやペットボトル飲料があったり，水を流しっぱなしで洗い物をしていたり，晴れているのに照明をつけていたりしている様子が描かれている。一方，「再生家族」は，郊外の一軒家で長・短期的にみて廃棄の少ない生活をしている家族を想定している。たとえば同じ「台所」の場面で，何度も使える陶器の入れ物を使っていたり，入れ物に水をためて洗い物をしたり，窓からの光を取り入れて照明をつけていなかったりしている様子が描かれている。「浪費家族」の何が問題なのか，「再生家族」の何が良いのかを考えさせるとともに，自分の家庭やライフスタイルを見直すきっかけとする。この教材は，ごみの出し方だけでなく，電気や水の使い方から，省エネや資源の有効利用についても考えさせる教材となっている。本単元の「健康や生活環境を支える事業」の学習は，「飲料水・電気・ガス」の選択と「ごみ・下水」の選択の学習である。選択するということはどれを選択しても単元としての目標を達成できるということである。「eカード」は，「飲料水・電気・ガス・ごみ・下水」のどれもが関わり，資源やエネルギーについて考えることができる教材なので，学習のまとめとして実施するのに適した教材である。

　学習方法としては，以下のような方法で行う。

1　グループごとに2つの家族のカードを数枚配る（場面は揃える）。

2　グループごとに，カードの家族の生活を自分の家族と比較させ，良いと思うところと悪いと思うところを話し合う。

3　グループごとに，配られた家族の良い点，悪い点と，そう考えた理由を発表する。発表に対して，他のグループから意見を出し合い，話し合う。

4　発表を振り返って，自分または自分の家族が今後実行したいと思うことを書く。

　本教材の良さは，絵から様々なことを想像できるので，自分たちの生活経験と重ね合わせながら，自由な発想で楽しく学習できるということである。暮らし方に対する，子どもたちの率直で様々な気づきを引き出すことができる。生活への実践化に向け，子どもの気づきや生活改善の意欲を促すヒントを与えて

第8章　第4学年の学習指導

くれる。注意しなければならないのは，ライフスタイルは家庭の状況により
様々な制約があることがあるので，良いこと，悪いことを決めるための教材に
しないことである。また，教師の価値観を押しつけないようにしなければなら
ない。子ども自身が自分の生活を見直す機会になればよいという程度にとどめ
るべきである。

　4　　事例3「自然災害からわたしたちのくらしを守る」

（1）単元目標
- 地域の関係機関や人々は，自然災害に対し，様々な協力をして対処してきた
  ことや，今後想定される災害に対し，様々な備えをしていることを理解する
  ことができる。
- 聞き取り調査をしたり地図や年表などの資料で調べたりして，まとめること
  ができる。
- 過去に発生した地域の自然災害，関係機関の協力などに着目して，災害から
  人々を守る活動を捉え，その働きを考え，表現することができる。

（2）単元について
　「地域の関係機関や人々は，自然災害に対し，様々な協力をして対処してき
たことや，今後想定される災害に対し，様々な備えをしていることを理解す
ること」が本単元で求められている知識である。「地域の関係機関」としては，
県庁や市役所などを中心に取り上げ，防災情報の発信，避難体制の確保など
の働きを取り上げる。避難場所となる学校や公民館などや災害時に救助にあ
たる消防・レスキュー，国の機関としての自衛隊などについても取り上げる。
それらの関係機関が連携し，協力して災害時に対応しなければならない。「今
後想定される災害」は，地域によって違うが，地震，津波，土砂災害など，
地域の状況に合わせて，様々な対策が必要となる。その一つに地域の避難訓
練がある。地域で実施される避難訓練を通して，関係機関がどのような連携

119

をしているのかを理解することができる。地域住民の一人として，そうした活動に積極的に参加する姿勢を培うことも必要だろう。本単元の学習内容は，単なる知識としてとどまるのではなく，災害発生時に自分の身を守るすべにもなる。地域で起こりうる災害を想定し，日頃から必要な備えをするなど，自分たちにできることを考えたり選択・判断したりできるようにしなければならない。そうした視点に立てば，本単元は，社会参画が求められる学習といえる。

　「聞き取り調査をしたり地図や年表などの資料で調べたりして，まとめること」が本単元で求められている技能である。地域を見て回り，危険な場所（土地が低くて大雨時には冠水しそうな場所，地震発生時に崩れそうな場所，土砂崩れが起きそうなところなど）はどこかを調べ，白地図に記入する。自治体で作成しているハザードマップを参考にするのもよい。また，過去にどのような災害が起こっていたのかを年表で調べ，そのときの被害の様子や対策の様子を地域の人に聞いたり，資料で調べたりする。地域の防災計画を調べたり，関係機関への聞き取り調査をしたりする学習などが必要となる。こうした学習を通して，常に災害に対処できることがここで求められる技能である。

　「過去に発生した地域の自然災害，関係機関の協力などに着目して，災害から人々を守る活動を捉え，その働きを考え，表現すること」が本単元で求められている思考力・判断力・表現力である。「過去に発生した地域の自然災害，関係機関の協力など」を教材化することによって，「災害から人々を守る活動を捉え，その働きを考え，表現すること」が求められている。ここでは，過去に発生した地域の自然災害をもとに，今後起こりうる災害を考え，具体的な対策を考えることが大切である。その際，「自助・共助・公助」の視点に立ち，自分でできることは何か，地域で協力してできることは何か，行政ですべきことは何かを考え，具体的な提案ができるようにしたい。

第8章　第4学年の学習指導

（3）指導計画（全14時間）

過程	時数	主な学習活動	身に付けさせたい社会認識
課題把握	1	• 地域で過去に起こった災害について話し合う。	• 災害の種類 • 災害による被害
課題把握	2	• 災害発生時に地域のどこでどのような被害が発生しやすいのかを調べる計画を立てる。	• ハザードマップ • 避難経路 • 広域避難場所
課題追究	3〜5	• 地域のフィールドワークを行い，危険個所や避難経路を確認する。	• ハザードマップ • 避難経路 • 広域避難場所
課題追究	6	• 市の担当者をゲストティーチャーとして招き，災害に備えた市の取組みについて話を聞く。	• 防災計画 • 避難訓練 • 避難所，防災倉庫
課題追究	7〜9	• 自助・共助・公助で，それぞれどのような取組みがされているのかを調べ，課題を捉える。	• 自助・共助・公助 • 避難所，防災倉庫 • 避難経路
課題解決	10〜12	• 自助・共助・公助それぞれの視点で防災アジェンダを考える。	• 防災計画
新たな課題	13〜14	• 地域の人に向けて「防災宣言」を発表する。	• 防災計画

（4）指導の実際

　「防災」は，子どもたちの社会参画を実現する最も現実的なテーマである。そこで本単元では，アクティビティな教材による参加型学習を取り入れる（谷口，2016）。「自助・共助・公助」について考える学習では，12枚のカードを用意する。それらのカードを①「大人に任せるまでもなく，小学生が進んでできそうなこと」，②「小学生ではなくて，地域の大人がするべきこと」，③「警察や消防の人の仕事で，地域の人がするべきものではないこと」，④「市役所や国の仕事で，地域の人がするべきものではないこと」の4つに分類させる。①は小学生ができそうなもの，②は地域住民がするもの，③は警察や消防の仕事，④は国や都道府県，市区町村の仕事である。

　カードにはたとえば，「地震のあとに，一人ぐらしの高齢者に水や食料を運

んであげること」などの防災や災害時の様々な場面について書かれている。そのカードについて，あるグループは②を選んだとする。しかし，高齢者は子どもにしてもらった方が喜ぶと考えれば，①と考えることもできる。このようにグループで違う意見も出てくる。児童は，「大人だからできるのではない」「大人だって様々な問題を抱えている」「子どもは『保護される』だけの存在ではない」ということに気づくだろう。実際には多くのことは小学生でもやれそうだと気づくことで，共助，公助の大切さに気づくとともに，自助の意識を高めていきたい。

「自助・共助・公助」についての学習を踏まえて，具体的な防災計画として，「防災アジェンダ」を考える学習を行う。縦軸に「自分や家族で」「小学校のみんなで」「地域で」「警察や消防が」「国・都道府県・市区町村」と書き，横軸に「来週までに」「1カ月以内に」「1年以内に」「5年以内に」「10年以内に」「30年以内に」と書いた表をつくる。縦軸が「自助・共助・公助」で誰が行うのか，横軸はいつまでに行うのか（できるのか）ということを表している。この表に，思いついたことをどんどん付箋に書いて貼っていく。少ないところは，そこが課題であることを示している。みんなで協力して，すべての枠を埋めるようにする。こうした学習により，公的な政策と，個人や地域の努力についての関係を考えることができる。

学習のまとめは，地域の多様な立場の人々になって地域防災を考えるロールプレイを経て，多様な視点からの地域防災を子どもたちが地域に向けて提言する「防災宣言」を発表する。学校に地域の人や市役所の防災担当，消防団の人など，地域防災に関わる人々を招いて，地域の防災についてともに考える機会としたい。

引用・参考文献

谷口和也（2016）『シティズンシップ教育としての防災教育──アクティブ・ラーニングを多用した防災教育実践集』。

友野清文（2015）「ジグソー法の背景と思想──学校文化の変容のために」学苑『総合教育センター・国際学科特集』No. 895, 1～14頁。

第8章　第4学年の学習指導

学習の課題

(1)　単元「わたしたちの県（都道府県）」の事例を参考に，47都道府県の紹介をするための方法（クイズやツアー紹介など）を考えてみよう。

(2)　単元「住みよいくらしをつくる──ごみの処理と利用」の事例を参考に，様々な生活場面のeカードをつくってみよう。

(3)　単元「自然災害からわたしたちのくらしを守る」の事例を参考に，様々な災害を想定して，「自助・共助・公助」カードをつくってみよう。

【さらに学びたい人のための図書】

佐藤群巳・高山博之・山下宏文編（2009）『教科学習におけるエネルギー環境教育の授業づくり（小学校編）』国土社。
　　⇨エネルギー環境教育の理論と授業実践事例が紹介されている。

安野功・松田博康編（2007）『学びの世界が広がる地図学習』日本標準。
　　⇨小学校の各学年における地図指導の授業実践事例が紹介されている。

（橋本祥夫）

| 第9章 | 第5学年の学習指導 |

この章で学ぶこと

　第5学年では，わが国の国土や産業を学習対象として取り上げる。ここで気を付けたいのは，子どもと社会的事象との距離である。第3学年では自分たちの市を中心とした地域を，第4学年では自分たちの県を中心とした地域を学習対象としていた。第5学年の学習指導では，学習対象の範囲を広げながらも，子どもと社会的事象との距離をいかにして縮めていくかが鍵となる。子どもたちが自分事として問題を捉え，その解決に向けて考えを深めていくためにはどのような指導の工夫が考えられるのかを含め，第5学年の社会科指導で大切にしたいことについて述べる。

1　5年生の指導で大切にしたいこと

（1）自分事としての学習問題

　第一は，社会的事象との出合いである。自然条件や気候条件からみて特色ある地域のくらしも，食料生産や工業生産で取り上げる事例地も，実際には，自分たちの住んでいる場所と離れていることが多い。そこで，出合いの場面においては，驚きや意外性を感じるような資料を提示したり，自分たちの生活との関わりを感じずにはいられないような学習活動を展開したりする。

　驚きや意外性は「えっ」「なぜ」という素朴な問いを，自分たちの生活との関わりは「どうやって」「調べてみたい」との思いを子どもたちの中に生み出す。そうして，社会的事象が身近なものとなることで自分事としての学習問題がつくられていく。

第9章　第5学年の学習指導

（2）問題解決に向けて協働的に取り組む人々の姿に触れる

　第二は，人の営みをみせることである。中学年と違って，調査やインタビューに出かける機会は少なくなる。統計をはじめ各種資料を活用するものの，それだけだと，どこか他人事になってしまう。実感が伴いにくいからである。

　ところが，ここに人の営みがみえてくると，子どもと社会的事象との距離が一気に近くなる。「いま，目の前にある課題の解決に向かっているのはこの人たちなんだ」と実感がわき，「わたしたちが『なぜ』と思うことを，この人たちが選んだのにはどんな理由があるんだろう」との問いがふくらんでくる。

　そうして，子どもたちは，ときには自分と重ね，ときには自分と違う立場の人として捉えながら，その人の行為・行動の意味を考えるようになる。

（3）選択・判断の場面

　第三は，よりよい社会の実現に向けて，子どもが自分自身と社会との関わりを考えていけるような学習展開の工夫である。

　子どもたちは，問題解決的な学習を通して，公民としての資質・能力を養っていく。実社会においても，社会にみられる課題の解決に向けて，様々な立場の人々が協働的に取組を進めている。あるいは，それぞれの立場から異なるアプローチで共通の課題を解決しようとしている。

　子どもたちが「なるほど。この人たちはこうやって課題を解決しようとしているんだね」「立場や方法は違うけれど，目指しているところは同じなんだ」と人の行為・行動の意味を理解した上で，「じゃあ，自分には何ができるだろう」「どちらを優先したらよいのだろう」と考えていけるような学習展開を工夫したい。これまでに学習したことを生かして，現実的な協力や，もつべき関心の対象を選択・判断したりする場面を効果的に設けたい。

　ここでは詳しく述べないが，地球儀や基礎的資料の活用，多角的な思考や理解，わが国の将来を担う国民としての自覚など，各学年の目標の系統を踏まえた上での5年生の社会科指導については，新学習指導要領をよく読まれたい。

125

2 　事例1 「持続可能な水産業へ」
——日本初！ 『海のエコラベル』認証漁業に名前を付けるとしたら

　京都府のズワイガニ漁は，資源管理型漁業として，日本初（アジア初）の『海のエコラベル』に認証された。考え方も立場も異なる人々が協働して，漁獲量の減少という課題を解決していったことを捉えさせたい。

　そこで，本時では，調べたことをもとに話し合ったり，ゲストティーチャーに確かめたり，まとめとして「ネーミング」をしたりする学習活動を展開した。そして，消費者である「わたし」の立場から，持続可能な水産業への関わりを考えられるようにと，最後の問いかけを行った。

1．単元名 「水産業のさかんな地域」
2．単元の目標
【知識及び技能】
- 日本のまわりはよい漁場になっていることや，水産業に関わる人々が，自然条件を生かしつつ，様々な工夫や努力をして，新鮮で質の高い水産物をわたしたちのもとへ届けていることを理解している。
- わが国の水産業の様子や水産業に関わる人々の工夫や努力について，地図帳や統計，写真などの資料を使って調べ，まとめている。

【思考力，判断力，表現力等】
- 水産業に関わる人々の工夫や努力について，学習問題や予想，学習計画を考え，表現するとともに，捉えた事実を基に人々の工夫や努力と自然条件や需要を関連付けて考え，表現している。
- わが国の水産業のこれからについて，水産業の概要と課題など，捉えた事実を基に，自分たちの生活と関連付けて考え，表現している。

【学びに向かう力，人間性等】
- わが国の水産業の概要や水産業に関わる人々の工夫や努力について，主体的に学習の問題を追究・解決している。
- 学んだことを基に，水産業のよりよい発展や自分との関わりについて考えようとしている。

第9章　第5学年の学習指導

3．単元の流れ

「であう」（第1時）

わたしたちがよく食べる水産物や日本の水産物の消費量を調べると…

→ わたしたちは，いろいろな種類の水産物をたくさん食べているんだね。
・こんなにたくさんどこでとるのかな。

「つかむ」（第2時）

日本のまわりの海の様子を調べると…

→ 日本のまわりは，暖流と寒流が流れ，大陸棚が広がっていて，よい漁場になっているね。
・たくさんの水産物をどのようにとっているのかな。

学習問題Ⅰ　水産業のさかんな地域の人々は，どのようにしてたくさんの水産物をとって，わたしたちのもとへ届けているのだろうか。

「調べる」（第3時〜第7時）

漁港の様子や漁の工夫，魚のブランド化，運ぶ工夫について調べると…

→ 漁港の設備を整えたり，魚の種類に応じた方法で魚をとったり，輸送方法を工夫したりして，新鮮で質の高い水産物がわたしたちのもとへ届けられるのだね。
・他の地域の様子も気になるね。

日本の水産業におきている変化に目を向けると…

→ 200海里の制限や漁場の環境悪化，魚のとりすぎや輸入の増加，働く人の減少などで漁獲量が減ってきているね。
・漁獲量を増やすための取組はないのかな。

学習問題Ⅱ　漁獲量を増やすために，どのような取組が行われているだろうか。

養殖業やさいばい漁業について調べると…

→ とる漁業だけでなく，つくり育てる漁業など，たくさんの工夫や努力によって，わたしたちのもとへ水産物が届くんだね。
・環境のことを考えると，たくさんつくって育てるだけでは問題は解決しないね。

「まとめる」（第8時・本時）

京都府のズワイガニ業について調べると…

4．本時の目標

　ズワイガニ漁における資源管理の取組について調べ，持続可能な水産業の実現に向けて，消費者の立場からの関わりを考える。

127

5．本時の展開（8／8時間）

過程	学習活動	○主な発問／◇主な指示 ・予想される児童の反応	◆資料／＊支援／□留意点
で あ う	1 ズワイガニの漁 獲量の変化をと らえる。	○グラフを見てどんなことに気付いた かな。 ・漁獲量が増えたり減ったりしている ね。 ・急に減っているのはなぜかな。 ・1980年の漁獲量は最も少ないね。	＊漁の様子を写真で提示して， イメージしやすいようにする。 ◆グラフ「ズワイガニの漁獲量 の変化」（京都府の web ペー ジ） □減少理由の1つとして乱獲を 知らせる。
つ か む	2 問題意識をもと に学習問題をつ くる。	◇1980年以降の漁獲量はどのように変 化するか見てみよう。 ・あれ，1980年から後は，少しずつ増 えているよ。 ・どうしてかな。	□注目させたいところは隠して 提示しておく。 ＊大きな変化をとらえやすいよ うに，グラフに矢印を書き込 む。
		ズワイガニの漁獲量が大きく減ったのに，また増えてきたのはなぜだろう。	
	3 予想する。	・とる量を減らしたのかな。 ・栽培漁業で育てたのかな。	
調 べ る	4 漁獲量が再び増 えた理由につい て調べる。	◇漁獲量が再び増えた理由について調 べよう。 ・網の目を工夫したんだね。 ・小さなズワイガニはすぐに海に戻す ようにしたよ。 ・ズワイガニがいる場所では他の漁は 禁止したんだね。 ・コンクリートブロックを沈めて，保 護区をつくったよ。 ・漁の時期を制限したね。 ・大きさや量も制限したよ。	◆「ズワイガニ漁における資源 管理の取組」 （パンフレット「京都府の水 産」や京都府の web ページ などから漁獲量のグラフや取 組についての資料が手に入 る。） □資源管理の取組を，グラフ 「水揚げ量の変化」と関連付 けてとらえられるように，板 書に位置づける。
	5 資源管理の取組 について，漁師 さんの立場から 考える。	○制限ばかりして，反対する人はいな かったのかな。 ・制限することによって，水揚げ量が 増えるから，反対はなかったと思う。 ・増えたといっても，昔より少ないか ら，それならとりたいだけとった方 がいいと考える人もいると思う。	□話し合いを通して，社会に生 きる人々の考え方もそれぞれ に異なることに気付くことが できる。その上で，問題解決 に向けて人々がどのように取 り組んできたのかということ にも意識が向くようになる。
	6 資源管理の取組 について，ゲス トティーチャー に尋ねる。	◇実際はどうだったのかな。ゲスト ティーチャーに尋ねよう。 ・意見が分かれていたから，何度も話 し合ったんだ。	□「話し合ったけれど，実際に はどうだったの？」という子 どもの関心を，ゲストティー チャーの登場へとつなげる。

128

第9章　第5学年の学習指導

		• データをとりながら，これでいいかみんなで考えたんだ。 • 研究者の人もいっしょになってやってきたんだね。	□ゲストティーチャーとは内容について事前に打ち合わせしておく。 □筆者は京都府の農林水産課の方にお願いした。
ま と め る	7 学習のまとめをする。	○このような漁業に名前をつけよう。 • 将来のことを考える漁業 • みんなしあわせ漁業 ◇みんなの考えた名前について，ゲストティーチャーの方に感想を聞いてみよう。 • 日本初の『海のエコラベル』に認められたんだ。	□名前と理由をセットで書くことで，本時の学習内容を振り返ることができるようにする。 □子どもたちが考えた名前を踏まえた上で，このような漁業を「持続可能な水産業」ということ，これらの取組が資源管理型の取組であることを伝えてもらうようにする。
	8 消費者の立場から持続可能な水産業への関わりを考える。	○スーパーで『海のエコラベル』がついた水産物があったら，みんなは買うかな。 • わたしは，買う。消費者も一緒になってやらないと持続可能な水産業はできないから。 • もしも他の水産物の方が安いなら，安い方を買うかな。でも，とりすぎないことは大事だから，ぼくも食べるときに無駄にしないようにする。	□スーパーにあったらと問うことで，「自分だったら」と考えられるようにする。 【学】持続可能な水産業の実現に向けて，消費者の立場から関わっていけることについて，これまでの学習を生かして考えようとしている。（ノート）

3　事例2「情報を生かすのは？」

　AI やビッグデータ，IoT を活用した産業の事例を教材化した。導入で AI を取り上げ，人間との違いに気付かせることで，子どもたちの関心が高まると考えた。実践を踏まえていない構想段階の指導案であるが，参考となれば幸いである。

１．単元名　「情報を生かして発展する産業」
２．単元の目標
【知識及び技能】
　• 大量の情報や情報通信技術の活用は，様々な産業を発展させ，国民生活を向上させ

ていることを理解している。

- 産業における情報活用の現状について，聞き取り調査をしたり，各種の資料，コンピュータなどを使って調べたりして，図表などにまとめている。

【思考力，判断力，表現力等】

- 産業における情報活用の現状について，学習問題や予想，学習計画を考え，表現するとともに，捉えた事実を基に，情報を活用した産業の変化や発展と国民生活を関連付けて考え，表現している。

【学びに向かう力，人間性等】

- 情報や情報通信技術を活用する産業について，主体的に学習の問題を追究・解決している。
- 学んだことを基に，情報化社会のよさや課題について自分の考えをまとめようとしている。

3．単元の計画

過程	目　標	学習の流れ	留意点・評価
で あ う ・ つ か む	①産業における情報活用の現状について，学習問題や予想を考えることができる。 【本時】	○AIの強さの秘密について調べる。 ・将棋の5万局のデータを読み込み，駒の配置を自分で判断するんだ。 ○企業が扱うデータの量の推移から，学習問題をつくる。	【思】情報の種類や活用の仕方などに着目して学習問題や予想を考えている。 （発言・ノート）
	学習問題　産業の中では，どのような情報がどのように活用されているのだろうか。それによって，わたしたちの生活はどのように変わるのだろうか。		
調 べ	②消費者のニーズを予測するために，どのような情報が活用されているかを調べることができる。	○AIタクシーがどのような情報を活用しての数を予測しているか調べる。 ・位置情報や過去の乗降記録，天気や日付をもとに予測しているんだ。 ・走れば走るほどAI自らが学習して，予測の精度が上がるんだ。	【知・技】情報の活用について，資料から適切に情報を読み取り図にまとめている。 （ノート）
	③個人の情報に特化して，消費者のニーズにこたえようとする産業について調べることができる。	○一人ひとりの好みを学習するファッションアプリの活用で，どのようなメリットがあるのかを話し合う。 ・店員は接客の質を向上できるね。 ・消費者は，サイトで買い物ができる。 ・メーカー側は消費者のニーズの分析ができる。 ・大量生産，大量廃棄がなくなる。	【学】個人の情報に特化して生産や販売の形を変えようとしている産業について，意欲的に調べたり話し合ったりしている。　（ノート・発言）

第9章　第5学年の学習指導

る	④観光での情報活用の例について調べることを通して，様々な人がその恩恵を受けられることを理解する。	○地域ならではの日帰り観光体験ができる予約サイトについて調べ，従来のツアーとの違いを話し合う。 ・地域の魅力を地元の人が発信するから，どの地域にもチャンスがある。 ・人と人とのつながりが増える。	【知・技】情報通信技術の活用によって，様々な人がその恩恵を受けられることを理解している。　　　　　（ノート）
	⑤情報を適切に扱っていくことの重要性について考え，表現することができる。	○情報の取り扱いについて，気を付けていることを調べる。 ・個人が特定できないように。 ・最後は人が判断しているね。	【思】情報の適切な扱いの重要性について，自分たちの生活と関連付けて考えている。　　　　　　　　（ノート）
ま と め る	⑥情報を生かして発展する産業の役割について理解することができる。	○スマートごみ箱について調べ，賛否について話し合う。 ・必要な場所にごみ箱が設置できる。 ・ごみが増えるだけだよ。	【学】情報化社会のよさや課題について，国民生活と関連付けて自分の考えをまとめている。　　　　　（ノート）

> 運輸では，位置情報や気象情報などの大量の情報を組み合わせ，消費者のニーズを予測している。生産や販売，観光などでは，一人ひとりにあった情報を分析したり活用したりしている。情報の活用によって，産業もわたしたちの生活もよくなっていっているが，どんな情報を何のためにどのように活用するのか，判断できる力がわたしたちには必要である。

4．本時の目標

　AIによるビッグデータの活用や産業におけるデータ活用量の変化について調べることを通して，産業における情報活用の現状について，学習問題や予想を考えることができる。

5．本時の展開（1／5時間）

過程	学習活動	○主な発問／◇主な指示 ・予想される児童の反応	◆資料／＊支援／□留意点
で あ う ・ つ か む	1 AIの活躍について知る。 2学習課題をつかむ。	○名人とAIとどちらが勝ったと思う？ ・人間の方が強いんじゃないの。 ・AIが勝ったって聞いたことあるよ。 ・えっ？　AIが人間に勝ったの？ ・どうしてそんなに強いのかな。	◆電王戦（2017年4月＠日光東照宮）の写真を提示。 □チェスと囲碁ではAIが人間に勝利していることを知らせ，将棋での勝敗への関心を高める。

AIの強さの秘密を見てみよう。

131

調べる	3 AI の強さの秘密を調べる。	◇映像から，ここが人間と違うというところを探してみよう。 • プロ棋士5万局のデータを読み込んでいるんだ。人間はそんなに大量のデータを覚えられないよ。 • 人間だと2000年以上かかる700万局の対戦をしている。	*名人の「人間には見えづらい考えづらい手をさしてくる」という言葉を提示して，人間とAIとの違いに注目して調べることができるようにする。 ◆映像「NHK スペシャル『人工知能 天使か悪魔か』2017」より
	4 人間との共通点や相違点を考える。	○人間と共通しているところはある？ • どんな局面でどう駒を配置すればよいか，自分で判断しているのは人間と同じだね。 ○「人間には見えづらい考えづらい手をさしてくる」ってどういう意味かな？ • 人間だと何千年もかかることを AI はやっているから，人間よりも学習しているということだと思う。 • 人間が気付かなかったことを AI は見つけてくるということだと思う。	□人間との共通点にも目を向けるようにする。 □有効に活用することで，産業や社会の発展に役立つような大量かつ多様なデータのことをビッグデータということを知らせる。 （※ビッグデータの明確な定義はまだない）
まとめる	5 産業におけるデータ活用の現状から，単元の学習問題をつくる。	○ところで，このグラフからはどんなことがわかるかな？ • データの流通量が年々増えているね。 • 9 年前の約9.3倍になっているよ。 • 産業の中でも AI がビッグデータをもとに分析しているのかな。 ○よくわからないのはどんなこと？ • どうしてこんなにデータの流通量が増えたのだろう。 • どんなデータを活用しているのかな。 • データの流通量が増えると何かいいことがあるのかな。 • こんなにたくさんのデータを何のために使っているのだろう。	□「ビッグデータを活用しているのは，将棋の世界だけではないよ」と言って，産業でのデータ活用に目を向けさせる。 ◆グラフ「データ流通量の推移」（総務省，2015） 【思】情報の種類や活用の仕方などに着目して学習問題や予想を考えている。 （発言・ノート）
	学習問題　産業の中では，どのような情報がどのように活用されているのだろうか。 　　　　　それによって，わたしたちの生活はどのように変わるのだろうか。		
	6 予想から学習計画を立てる。	○学習問題について予想しよう。 • 産業で役立つデータだから，お客さんの情報かな。 • よく売れる商品のデータをもとに，売り上げを伸ばしているのかな。	*グラフからの気付きや疑問を整理することで，予想を考えるときのヒントになるようにする。

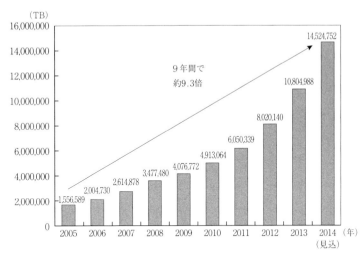

図 9-1　データの流通量の推移
出典：総務省（2015）「平成27年版情報通信白書」。

6．資料
- 「電王戦の写真」および映像
  電王戦（2017年4月＠日光東照宮）の写真を提示
  NHK スペシャル「人工知能 天使か悪魔か 2017」より
- 「データ流通量の推移」（図 9-1）

4　事例3「木を伐らずに森林を元気に!?」

本実践では、人の行為・行動に視点を当ててその意味を考え、そこから自分自身の行動を選択・判断できるような学習過程を構築した。

1．単元名　「わたしたちの生活と森林」
2．単元の目標
【知識及び技能】
- 森林資源の働きについて、森林は、その育成や保護に従事している人々の様々な工

夫と努力により国土の保全など重要な役割を果たしていることを理解している。

- 森林資源の働きや森林資源の保護と国民生活の関連について，地図帳や各種の資料で調べ，図表などにまとめている。

【思考力，判断力，表現力等】

- 国土の環境について，学習問題や予想，学習計画を考え，表現するとともに，捉えた事実を基に，森林と国土保全や国民生活を関連付けて，森林資源の果たす役割や森林資源を保護していくことの大切さを考え，表現している。

【学びに向かう力，人間性等】

- 森林資源の保護にみられる，国土の環境と人々の生活との密接な関連について，主体的に学習の問題を追究・解決している。
- 国土の環境保全への関心を高め，学んだことを基に，自分たちにできることを考えたり選択・判断したりしようとしている。

3．単元の計画

過程	目　標	学習の流れ	留意点・評価
で　あ　う	①日本は森林資源にめぐまれていることや，天然林と人工林の違いをとらえることができる。	○森林面積の割合や，天然林と人工林の違いを調べる。 ・森林の面積は国土のおよそ３分の２を占める森林大国だね。 ・人工林は人が育てているんだね。	【学】日本の森林資源の分布について，意欲的に調べようとしている。（発言・ノート）
つ　か　む	②森林資源の働きと自分たちの生活とのつながりについて調べ，学習問題や予想を考えることができる。	○森林資源の働きを調べる。 ・水をためたり生き物のすみかになったりしている。 ・土砂崩れの防止にもなるんだね。 ○人工林での土砂崩壊や放置林の問題から，学習問題をつくる。	□「もし，森林がなくなったら」と，考えるようにする。 【知・技】森林資源の働きについて，資料から必要な情報を集め，読み取り，文章にまとめている。（ノート）
	学習問題Ⅰ　なぜ，放置された人工林が増えているのだろう。		
調	③森林で働く人々の仕事について調べ，まとめることができる。	○林業の仕事を調べ，まとめる。 ・苗木から伐採までに，手間と時間がかかるね。 ・間伐をしないと荒れてしまうんだね。	【知・技】林業で働く人々が手間と時間をかけて森林を育てていることを読み取り，図にまとめている。（ノート）
	④林業が抱える問題から解決策を考えることができる。	○林業の抱える問題点を話し合う。 ・外国産材の価格は下がっているね。 ・林業で働く人の数も減っているよ。	【思】人工林の育成や保護の取組について，学習したことを基に予想している。（発言・ノート）

134

	学習問題Ⅱ　人工林を元気にするためには，どのようにいたらよいのだろう。		
		• 間伐材をみんなが使えばいいと思う。	
	⑤森林を守ったり育てたりするための取組を調べ，その意味について理解する。	○どのような取組がどの問題を解決するために行われているか調べる。 • 木が増えすぎるのを防ぐために，森林環境税を使って間伐をしたり，木づかい運動を進めたりしているね。 • 林業大学校で働く人を増やしている。	【知・技】森林の育成や保護に関わる人々の工夫や努力によって，森林が国土の保全などに重要な役割を果たしていることを理解している。 （発言・ノート）
まとめる	⑥「森の健康診断」の取組の意味について考える。　【本時】	○木を伐らない理由について話し合う。 • 誰でも参加できるようにかな。 • 伐らないからこそ，どうしたらよいかを一人ひとりが考えると思うよ。	【思】森林資源の働きと国民生活を関連付けて，「森の健康診断」の意味について考えている。　（発言・ノート）
	⑦森林を守り育てるために，自分たちにできることを考えることができる。	○森林とわたしたちとの関わりを表す。 • 森林はわたしたちの生活を守ったり豊かにしてくれたりしているね。 • 国土の3分の2を占める森林を，わたしたちが守り育てていきたいね。	【学】森林資源を守り育てるために自分にできることを自分たちの生活と関連付けて選択・判断しようとしている。 （ノート）

4．本時の目標

「森の健康診断」について調べ，その取組みの意味について考える。

過程	学習活動	○主な発問／◇主な指示 • 予想される児童の反応	◆資料／＊支援／□留意点
であう・つかむ	1「森の健康診断」について知る。 2学習問題をつくる。	○写真からどんなことがわかるかな？ • これは人工林だね。 • 服装を見ると，ボランティアの人のようだね。 ○「森の健康診断」ってどんなことをするのかな。 • 人工林の状況調査だね。 • 誰でも参加できるんだって。 • 100円グッズで調べられるって。	◆「森の健康診断」の様子がわかる写真を提示する。 ◆パンフレットの題名とリード文を提示する。 □「森の健康診断」では，木を伐らないことを知らせ，人工林は間伐が必要なのに，なぜ，木を伐らないの？という問題意識を醸成する。
		木を伐らずに，荒れる人工林をどうやって元気にするのだろうか。	
	3予想する。	• 調べるだけ調べて，別のボランティアグループが木を伐るのかな。	
	4予想をもとに資料で調べる。	◇よくわからないよね。調べてみよう。 • 結果を報告会やホームページで公開しているんだ。 • 豊田市は，結果をもとに「森づくり	◆報告会の様子の新聞記事『朝日新聞』朝刊，2009年10月28日付 ◆「豊田市100年の森づくり構

調べる		条例」を定め，人工林の間伐を進めているよ。 ○これで，人工林も元気になるよね。 ・うん。豊田市の例もあるしね。 ・そんなことないよ。結果を公表しても誰も動かなかったらどうするの。	想」のパンフレットから，1ページ目と2ページ目。 □あらためて問いかけることで，子どもたちの解釈の違いを明らかにする。
	5 木を伐らない理由について話し合う。	○なぜ，自分たちで木を伐らないのだろうね。 ・木を伐るのは大変だからかな。 ・この調査は，誰でも参加できるんだよね。木を伐らないから，誰もが参加できるんじゃないかな。 ・木を伐ってしまったら，結局「誰かが解決してくれる」ってなるから，人工林の問題をみんなで考えるために結果だけを知らせているのかな。	□調べてわかった事実をもとに，「なぜ」を考えていくようにする。 ◆「誰でも参加できる」という発言を受けて，参加人数の移り変わりを提示する。
	6 「森の健康診断」に携わる人の話で確かめる。	◇「森の健康診断」実行委員会の代表の人の話をみてみよう。 ・やっぱりわざと伐らないんだね。 ・参加した人たちが，森の現状に気付き，「何とかしないと」と考えていくことを大切にしているんだ。	◆「森の健康診断」実行委員会の代表の話（2007年『森の健康診断報告書』から） ◆2005年に愛知県で始まった「森の健康診断」の手法が，今では40以上の都道府県に広がっている事実を知らせる。
まとめる	7 まとめをする。	◇学習のまとめを書こう。	
		「森の健康診断」では，木を伐らない。それは，誰もが参加できるようにするためと，参加した人や結果をきいた人たちが，人工林の現状を知って，「このままではいけない」「何とかしないと」と考えていけるようにするためだ。人工林を元気にするのは，結局，わたしたち一人一人だ。	
	8 振り返りをする。	○わたしたちには，何ができるかな。 ・木を伐ることはできないけれど，日本の森林はどうなっているのかなと興味をもってこれからも見ていったり，人工林が荒れていることを人に伝えたりすることはできるかな。	【関】「森の健康診断」の取組の意味を理解した上で，森林資源を守り育てるために自分にできることについて考えている。　　　　　　（ノート）

5．板書計画

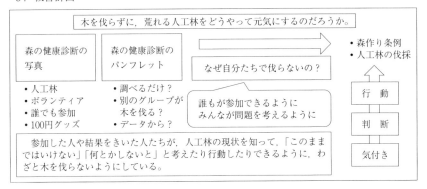

引用・参考文献
京都市小学校社会科教育研究会（2014）『京都大会　研究紀要』32～33頁。
『小学社会　5年　上・下』（2014）日本文教出版。
『新編　新しい社会　5年　上・下』（2014）東京書籍。
総務省（2015）「平成27年版情報通信白書」。
文部科学省（2017）「小学校学習指導要領解説社会編」。

学習の課題

(1) 食料生産や工業生産，産業と情報の関わりについての出来事やニュースの中から，自分が「えっ！」「なぜ？」「これはすごい！」と思うことを3つ見つけよう。そして，驚きや意外性の強い順に，ランキングしよう。
(2) 森林資源の保護や育成，公害の防止など，わたしたちのまわりでは，誰がどのような取組を進めているのだろうか。2つ見つけて，共通点や相違点をベン図に整理しよう。

【さらに学びたい人のための図書】

有田和正（2005）『有田和正の授業力アップ入門——授業がうまくなる12章』明治図書。
　⇨「授業がうまくなる」に焦点を当てた入門書。本書に限らず，有田氏の著作や実践にぜひあたられたい。

安野功（2009）『ヤング感覚"ザ・社会科授業"——単元ストーリー化で子どもノリノリ』明治図書。
　⇨単元ストーリーを思い描くことで社会科の授業が変わってくる。単元ストーリーの基本について実践を交えながら学べる。
　　　　　　　　　　　　　　　　　　　　　　　　　　　（早樫直人）

第10章 第6学年の学習指導

この章で学ぶこと

　　第6学年の社会科学習は，わが国の歴史と政治および国際理解について学習するとともに，「公民的資質の基礎を養う」という社会科の目標に迫る最終段階でもある。しかし，「社会科は暗記科目である」というイメージが払拭できずに，歴史学習においては一部の児童が雑学的な知識を披露し合う授業展開に陥ってしまうことがある。また，古代・中世には興味があったのに，明治以降から現代につながる辺りになると社会科人気が急落し，政治や国際理解に至っては，まさに重要な用語を暗記するだけのような授業になりがちである。本章ではこれらの課題を，①6年生の指導で大切にしたいこと，②歴史，③政治，④国際理解の実践事例から検討する。

1　6年生の指導で大切にしたいこと

　社会科の授業づくりで大切にしたいことは，児童と教材との出合いをどのようにプロデュースするかということである。まず，歴史学習を始める際には，指導者が学校および地域の歴史について調べ，古い写真や地図，記念誌などの資料がないかを探してみてほしい。私の勤務する京都市立嵯峨小学校の記念誌には，「応永鈞明図」（天龍寺蔵）の写しがあり，1426（応永33）年頃の嵯峨一帯が描かれている。そこから，渡月橋の位置が現在と異なることや現存しない寺院が町名として残っていること，さらには嵯峨小学校の敷地は天龍寺の一部であったことを知ったとき，興奮のあまり胸が高鳴った。後に天龍寺の一部であったことを示す石碑を校内で発見した。児童は，毎日その横を通って登下校しているが，おそらく意識している者はいないだろう。私がそうであったように。案の定，児童は「応永鈞明図」に興味津々で，時間

を忘れ，いやむしろ時間旅行を楽しんでいるかのようであった。最後に，巻いた年表を現在の方から示し，150年余りの歴史ある嵯峨小学校ではあるが，日本の歴史年表の中で見てみるとほんのわずかでしかないこと，それに対して日本の歴史が長いことに驚き，これから学習していく動機づけとしては手ごたえ十分であった。

　小学校の歴史は，通史ではなく，人物の業績に焦点を当てて学習をしていく。業績とは，「誰が」（人物名），「何をした」（行為・行動）だけではなく，「どんな時代であったのか」（時代相），「何のためにしたのか」（意図），「世の中に与えた影響」（意味・意義）を捉えていかなければみえてこないのである。

　そこで，本章第2節で紹介する実践は，陸奥宗光の業績をクローズアップした学習ができないかと開発したものである。授業で使用した資料も掲載しているので，児童になったつもりで「陸奥宗光がなぜ領事裁判権をなくすことに成功したのか」について考えてみてほしい。

　次に，政治単元の学習で大切にしたいことは，歴史学習の延長線上にあるという意識で学習をつなぎ，政治を身近に感じさせることである。世の中を動かしていく政治によって歴史年表の未来が書き込まれていくのだという意識をもたせることで，「人が歴史をつくる。これからの歴史は自分たちがつくっていくのだ」という政治を自分ごととして考える態度を養うのである。第3節で紹介する実践は，児童と政治との距離を縮めるために，模擬選挙体験を実施する学習展開を工夫したものである。他にも法務省の「模擬裁判のシナリオ」を用いた裁判員裁判を通して裁判員制度について考えたり，大阪国税局のホームページの「みんなで話合って街をつくろう！」を活用して税金の使い道について考えたりするなど，体験を通して考えるということをヒントにしてほしい。

　最後に，国際理解の単元の学習で大切にしたいことは，「国際社会を生きていくためには，自分の国のことだけではなく，他国との関係も考えていかなければならない」という意識をもたせることである。ここでも児童と世界との距離を縮めることで，児童が自分ごととして考える学習展開の工夫が必要となっ

てくる。第4節で紹介する実践は，「日本とつながりの深い国々」の学習において「もしもホームステイに招くことになったら」という設定を考えた展開である。さらに，学習研究社の図書「世界の子どもたちはいま」シリーズの中で紹介されている6人の子どもたちをホームステイに招くというより具体的な設定を加えることで，児童が親近感を抱きながら学習できるのではないかと考えた。単なる国調べではなく，人と人との関わり方を考えることこそが重要なのである。

2 事例1「日本の歴史（陸奥宗光の業績）」

1．単元名　日本の歴史
「8　世界に歩み出した日本」
2．単元目標
　大日本帝国憲法の発布，日清・日露の戦争，条約改正，科学の発展などについて各種の資料を活用して調べ，我が国の国力が充実し国際的地位が向上したことについて考え，表現する。
3．単元の評価規準
【知識及び技能】
・日清・日露の戦争において勝利したこと，幕末に結ばれた不平等条約の改正，科学の発展への貢献などの様子を理解している。
・我が国の国力の充実と国際的地位の向上が図られたことを理解している。
・欧米諸国との間で結ばれた条約の不平等さを理解し，改正への交渉に挑んだ陸奥宗光の働きについて調べ，まとめている。
・地図や年表，想像図などの資料を活用して，日清・日露の戦争，科学の発展などについて必要な情報を集め，読み取っている。
【思考力，判断力，表現力等】
・日清・日露の戦争，条約改正，科学の発展などについて学習問題や予想，学習計画を考え，表現している。
・調べたことをもとに人物の考えを予想したり業績を考えたりして，根拠を示して説明している。
【学びに向かう力，人間性等】

第10章　第6学年の学習指導

・不平等条約の改正について関心をもち，意欲的に調べている。

4．単元の計画（全7時間）

① 明治時代の産業について調べ，日本の近代化について学習問題を見出す。

② 不平等条約について話し合い，陸奥宗光の業績について考える（本時）。

③ 2つの戦争と条約改正とのつながりを考え，その後，日本は朝鮮を植民地化したことを知る。

④ 明治時代以降，国際社会で活躍した科学者の働きを調べ，科学の面での発展について知る。

⑤ 日本の工業の発展によって，人々の生活はどのように変化したのかについて調べる。

⑥ 米騒動をきっかけに広がった民主主義を求める様々な運動について調べる。

⑦ 就職や結婚などで差別され，苦しめられていた人々は，どのような運動を起こしたのかを調べる。

5．本時の目標

欧米諸国との間で結ばれた条約の不平等さを理解し，改正への交渉に挑んだ陸奥宗光の働きについて調べ，まとめることができる【知識及び技能】。

6．本時の展開（2／7）

学習活動	支援・留意点　◆資料	評価
1　ノルマントン号事件の絵図を見て話し合う。 ・自分たちだけボートに乗って，日本人を助ける気がないみたい。 ・岸を指さして「日本人は自力で泳いで行け」と言っているみたい。	◆ノルマントン号事件の絵図（資料1） ・絵図を見て気付いたことと気になることを自由に発言させる。 ・船長が何を言っているのかを考えさせることで，事件の内容にせまるようにする。	
2　事件の判決を知り，その原因が幕末に結んだ不平等条約にさかのぼることを理解する。 ・明らかに日本が損な内容で，近代化のじゃまになっている。 ・アメリカ以外の国とも結んでいたなんて知らなかった。	◆ノルマントン号事件物語（資料1） ・判決の不合理に目を向けることで，江戸時代に結んだ条約の不平等さを理解できるようにする。 ◆不平等条約を示す絵図（資料2） ・黒板を年表に見立てることで，因果関係が時系列でつかめるようにする。	
3　陸奥宗光が条約改正に成功したわけについて考える。	◆陸奥宗光画像（資料3） ・何年も条約改正に失敗してきた事実と陸奥宗光が就任2年で条約改正に成功した事実をもとに，学習問題をつくるようにする。	

陸奥宗光は，なぜ領事裁判権をなくすことに成功できたのだろう。		
・世界に不公平な条約であることを訴えたのではないかな。 ・力の強そうなアメリカやイギリスはさけて，弱そうな国から交渉を始めたと思う。 4　陸奥宗光の業績について調べ，まとめる。 ・一番強いイギリスと交渉成立すれば，他の国もうだろうという陸奥宗光のよみとかけひきのすごさが条約改正につながったのだと思う。 ・世界の動きをよく見て，相手のピンチをうまく利用したり，相手がのみやすい条件を工夫したりするなど陸奥宗光のかしこい交渉術が成功につながったと思う。	・自分が陸奥宗光の立場なら，どうして領事裁判権をなくすように話をもちかけるかを予想させることで，陸奥宗光の業績の偉大さに着目できるようにする。 ◆陸奥宗光物語（資料4） ・物語を読み取ることで，陸奥宗光の先見性や交渉術の巧みさが領事裁判権をなくすことにつながり，日本の近代化を大きく進める偉業を成し遂げたことに目を向けるようにする。 ・もう1つの不平等条約である関税自主権をもたないことについて問いかけることで，次時へと追究意欲をつなげるようにする。	【知識及び技能】 欧米諸国との間で結ばれた条約の不平等さを理解し，改正への交渉に挑んだ陸奥宗光の働きについて調べ，まとめている。 （ノート）

7．板書計画

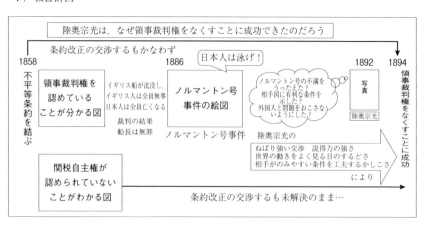

142

第10章　第6学年の学習指導

8．資料

◆資料1　ノルマントン号事件絵図と物語

ノルマントン号事件物語

　1886年10月25日，イギリスの貨物船ノルマントン号は，和歌山県沖でちんぼつしました。このとき，船長のウィリアム＝ドレイクやイギリス人の船員は，全員ボートに乗り移り助かりましたが，いっしょに乗っていた日本人乗客25名は，全員おぼれ死んでしまいました。新聞はこの事件を「日本人が助かってもいいはずだ」と書き立てました。船長は乗客の安全を守る義務があるからです。

　事件の裁判は，イギリスが行いました。そこで，船長は「早くボートに乗るように日本人にすすめたが，英語がわからなかったために応じなかった」と述べ，軽いばつを受けただけでした。

出典：『新編 新しい社会6年 上』(2014) 東京書籍，117頁を少し詳しくしたもの。

◆資料2　不平等条約を示す絵図（『新編 新しい社会6年 上』(2014) 東京書籍，116〜117頁より）

※補助資料（領事裁判権をもたないことの不平等感をさらにもたせる事実）

- 「少女が暴行されて無罪（東京）」
- 「衝突で船が沈められて74人が亡くなり，相手が悪いのに損害賠償を払わせられた（瀬戸内海）」
- 「外国人に杖でなぐり殺されても裁判できない（新潟）」など

◆資料3　陸奥宗光の画像

◆資料4　陸奥宗光物語（自作資料）

陸奥宗光物語

　陸奥宗光は田辺藩（和歌山県）の武士の家に生まれました。ペリーが来たときは10才の少年でした。15才で家を出て，20才で勝海舟の海軍繰練所に入り，海軍や西洋について学びました。このとき，坂本龍馬と出会い，龍馬の海援隊（貿易会社）にも参加しました。陸奥は1人で読書にふけることが多く，仲間とわいわいやるタイプではありませんでしたが，坂本龍馬だけは陸奥をたいへんかわいがり，「海援隊にはすぐれた人物がたくさんいるが，自分の考えをしっかりもち，独立してやっていけるのは，私と陸奥宗光だけだろう」と言っていました。

　龍馬が暗殺されたとき，陸奥は，「日本を西洋と対等につき合える近代国家にするために，坂本さんのバトンを受けつごう」と心にちかいました。

　陸奥は，西洋に3年間留学し，さまざまなことを学びました。そして，1892年に第2次伊藤博文内閣の外務大臣になり，不平等条約の改正に向けて努力を重ねました。それが，明治日本

143

の最大の目標だったからです。

　陸奥は、世界の動きに目を向けました。当時世界一の大国であったイギリスは、対立していたロシアがアジアに勢力を広げていくことを警戒し、それに対抗する必要もあって日本に協力を求めてきました。陸奥はこのチャンスを逃しませんでした。イギリスに協力する条件として、「領事裁判権をなくすこと」をあげ、何度も何度も交渉していきました。

　陸奥はまた、「世界一の大国であるイギリスが改正に応じれば、他の西洋諸国も改正するはずだ」と考えていたのです。

　陸奥は、「条約はすぐに改正するが、完全に実施するのは5年後にする」といった受け入れられやすい工夫をこらした交渉で大国であるイギリスを説得し、領事裁判権をなくすことに成功しました。1894年のことです。陸奥のねらい通り、この後、他の西洋諸国も大国であるイギリスにならい、実に15か国と領事裁判権をなくすことに成功しました。

③　事例2「わたしたちの生活と政治」

1．単元名　わたしたちの生活と政治
「2　国の政治のしくみ」
2．単元目標
　　我が国の政治の考え方と仕組みや働き、国家及び社会の発展に大きな働きをした先人の業績や優れた文化遺産、我が国と関係の深い国の生活やグローバル化する国際社会における我が国の役割について理解する。
3．単元の評価規準
【知識及び技能】
・国会・内閣・裁判所の働きについて理解している。
・国会・内閣・裁判所の三権相互の関係や三権と国民との関係を理解している。
・資料を活用して、国の政治の働きについて必要な情報を読み取っている。
【思考力，判断力，表現力等】
・選挙の意味について考え、表現している。
【学びに向かう力，人間性等】
・国の政治のしくみについて関心をもっている。
・裁判員制度について関心をもっている。

第10章　第6学年の学習指導

4．単元の計画（全5時間）

過程	時間	目　標	学習の流れ	支援・留意点	評価
であう・つかむ	①	・国の政治の仕組みに関心をもち，国会・内閣・裁判所の働きについて意欲をもって調べる。	○国の政治を進めるための国会・内閣・裁判所の様子を見て，知っていることを話し合う。 ・国会には選挙で選ばれた国会議員という人がいる。 ・内閣総理大臣という人がいる。 ・裁判は，犯罪が起こったときに開かれている。 ・国会と内閣はどうちがうのだろう。 国の政治を進めるために，国会・内閣・裁判所にはどのような働きがあるのだろうか。	・国会・内閣・裁判所の様子を示す写真を利用して，話し合いを進めるようにする。	【学びに向かう力，人間性等】国の政治の仕組みについて関心をもって調べている。（発言・ノート）
		・国会の働きについて調べ，理解する。	○国会にはどのような働きがあるかについて調べ，まとめる。 ・予算や法律が決められている。 ・内閣総理大臣を指名する。 ・国の政治について話し合いが行われる。 ・衆議院と参議院がある。 ・国会議員は，国民の代表者であり，選挙で選ばれる。 ・選挙権は，国民が政治に参加するための大切な権利。	・法律や予算は，具体的な事例をもとに理解できるようにする。 ・本単元に入る2週間ほど前に，模擬選挙を実施しておく。	【知識及び技能】国会は国の政治の方向を話し合っていること，国会議員は選挙で選ばれていることを理解している。（ワークシート）
	②	・模擬選挙を体験し，選挙の意味について考える。	○模擬選挙の結果について話し合う。 ・一番みんなのことを考えていて，現実的なマニフェストだった人に投票した。 ・投票率が75％なので，投票していない人が9人いる。 ○投票しない理由について話し合う中で，選挙の意味について考える。 ・誰に投票しようかものすごく悩んだので，自分の願いを1票に託すという意味がよくわ	・選挙権が20歳から18歳に引き下げられたことを伝え，あと数年で選挙権を得ることになるという自覚をもてるようにする。	【思考力，判断力，表現力等】模擬選挙の体験や投票率の推移から，選挙の意味について考え，表現している。（発言・ノート）

145

			かった。		
調べる	③	・内閣と裁判所の働きについて調べ，理解する。	○内閣にはどのような働きがあるかについて調べ，まとめる。 ・内閣総理大臣が中心となって，予算や法律にそって実際に政治を行っている。 ・内閣のもとで，省や庁が実際の仕事を分担して受けもっている。 ・国民の祝日は法律にそってできていて，それぞれ意味がある。 ○裁判所にはどのような働きがあるかについて調べ，まとめる。 ・国会が決めた法律や政治を行う内閣が，憲法に違反していないかを調べる。 ・裁判員制度を取り入れることで，国民の願いや考えを取り入れることができるようにしている。	・内閣総理大臣と国務大臣からなる内閣と国会議員との違いが明らかになるように，国会での議席の違いや各省庁の仕事などで具体的に理解できるようにする。	【知識及び技能】資料を活用して，内閣・裁判所の働きについて必要な情報を集め読み取っている。（ワークシート） 【知識及び技能】内閣・裁判所の働きを理解している。（ノート）
	④	・模擬裁判を体験し，裁判員制度について関心をもつ。	○法務省が作成した「模擬裁判シナリオ」にそって模擬裁判を行う。 ・明らかに状況から判断して被告人は有罪だと思う。 ・被告人は限りなく怪しいが，決定的な証拠が不十分なので，無罪だと思う。 ○模擬裁判を体験した感想をまとめる。	・被告人が本当に罪を犯したのかどうかを見極めるという視点で，模擬裁判にのぞむようにする。	【学びに向かう力，人間性等】模擬裁判に意欲的に参加し，裁判員制度に関心をもっている。（発言・ノート）
まとめる	⑤	・調べてきたことをもとに，国会・内閣・裁判所の役割と関係を整理する。	○国の政治を進めるための国会・内閣・裁判所の役割をふりかえり，その関係をまとめる。 ・国会・内閣・裁判所の３つの役割や関係を三権分立という。 ・国民も国会・内閣・裁判所それぞれにかかわり，政治を進める大きな役割をもっている。	・三権相互の関係が分かるように，三角形の図をもとに調べたことを整理するようにする。	【知識及び技能】三権相互の関係や三権と国民との関係を理解している。（ワークシート）

第10章 第6学年の学習指導

5．本時の目標

　模擬選挙の体験や投票率の推移から，選挙の意味について考え，表現することができる。【思考力，判断力，表現力等】

6．本時の展開（2／5）

学習活動	支援・留意点　◆資料	評価
1　模擬選挙の結果について話し合う。 ・一番みんなのことを考えていて，現実的なマニフェストだった人に投票した。 ・投票率が75％なので，投票していない人が9人いる。	◆模擬選挙の結果（資料1） ・模擬選挙の票を事前に開票し，集計しておく。 ・投票した決め手，投票に迷った場合はその理由を話すようにする。 ◆衆議院議員総選挙における年代別投票率の推移（資料2） ・クラスの投票率を知らせるとともに，第46回衆議院議員総選挙までの投票率の推移を示し，学習問題をつかむようにする。	
なぜこんなにも投票しない人が多いのだろうか		
2　投票しない理由について予想する。 ・政治に興味がないから。 ・自分の1票では何も変わらないと思っているから。 ・選挙の日を忘れていたから。	・事前に投票していない児童を把握しておき，投票しなかった理由を予想の手がかりとできるようにする。	
3　投票しない理由を知る。 ・面倒だからなんて考えられない。 ・適当な候補者も政党もなかったからは，わからなくもないが，投票しないのはどうかと思う。 ・用があったからという理由が1位だなんて驚きだ。	◆第46回衆議院議員選挙棄権理由（資料3） ・資料をランキング形式で提示し，棄権理由について自分の考えをつぶやきながら確認する雰囲気にすることで，選挙の意味について自分の考えがもちやすくできるようにする。 ・必要に応じて，投票時間や期日前投票についてふれ，投票の機会は十分に設けられていることを伝える。	
4　学習をふりかえり，選挙の意味について考える。 ・誰に投票しようかものすごく	◆各国の選挙権年齢（資料4）	【思考力，判断力，表現力等】 　模擬選挙の体験

147

悩んだので，自分の願いを1票に託すという意味がよくわかった。選挙に行かないと何も始まらない。 ・はじめ選挙には，全然興味がなかったけれど，今回体験してみて1票の積み重ねで候補者が選ばれるから，自分も選挙権をもったらよく考えて投票しなければいけないと思った。	現在、世界各国の選挙権年齢は「18歳以上」が主流！ **各国の選挙権年齢** 25歳　アラブ首長国連邦 21歳　オマーン、マレーシア、シンガポールなど 20歳　カメルーン、日本（来年度18歳へ引き下げ）など 19歳　韓国 18歳　アメリカ、イタリア、フランス、ロシアなど 17歳　東ティモールなど 16歳　アルゼンチン、オーストリア、ブラジルなど （資料4） ・選挙権が20歳から18歳に引き下げられたことを伝え，あと数年で選挙権を得ることになるという自覚をもてるようにする。	から，選挙の意味について考え，表現している。 （発言・ノート）

7．板書計画

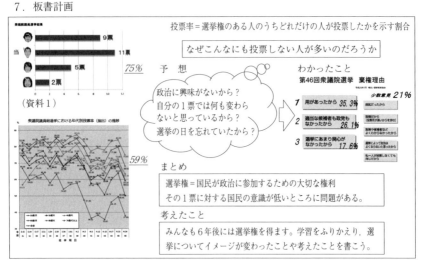

8．資料
　　（資料2）衆議院議員総選挙における年代別投票率（抽出）の推移　総務省ホームページ。
　　（資料3）第46回衆議院選挙　棄権理由　平成25年7月　明るい選挙推進協会。

第10章　第6学年の学習指導

（参考資料）子どもたちへ事前に配付したマニフェストと投票用紙

4 事例3「世界の中の日本」

1．単元名　世界の中の日本
「1　日本とつながりの深い国々」
2．単元目標
　我が国と経済や文化などの面でつながりが深い国の人々の生活の様子について聞き取り調査をしたり各種の資料を活用したりして調べ，外国の人々と共に生きていくためには，異なる文化や習慣を理解し合うことが大切であることを考え，表現する。
3．単元の評価規準
【知識及び技能】
- 外国の人々の生活には，日本と異なる文化や習慣があるということを理解している。
- 外国の人々と共に生きていくためには，異なる文化や習慣を互いに理解し合うことが大切であることについて理解している。
- 外国の人々の生活について，地図や資料，インターネットなどを活用したり，外国での生活経験のある人に話を聞いたりして，必要な情報を集め，読み取っている。
- 調べたことを白地図やノートにまとめている。

【思考力，判断力，表現力等】
- 外国の人々の生活の様子について学習問題や予想，学習計画を考え表現している。
- 外国の文化や習慣と日本の文化や習慣とを比較し，外国の人々と共に生きていくためには異なる文化や習慣を理解し合うことが大切であることを，具体例を挙げて説明している。

【学びに向かう力，人間性等】

- 我が国とつながりの深い国の人々の生活に関心をもって意欲的に調べている。
- お互いの文化や習慣を尊重しようとする気持ちをもち，外国の人々と共に生きていこうとする。

4．単元の計画（全8時間）

過程	時間	目　標	学習の流れ	支援・留意点	評価
で　あ　う	①	・日本と経済や文化などの面で，関係の深い国々の人々の生活の様子に関心をもち，意欲的に調べようとすることができる。	わたしたちの生活の中にはどんな外国が見られるだろうか ○生活の中に見られる外国について話し合う。 ・野球では，日本の選手がアメリカで活躍している。 ・キムチや韓国のりなど，韓国の食べ物をよく見かける。 ・服のタグに中国製と書いてあるから，中国でつくられている。 ・ハンバーガーショップはアメリカの会社だけど，ハンバーガーの肉はオーストラリアで，おもちゃは中国製なんて知らなかった。 ・生活の中の外国についてもっと調べてみよう。	・生活の中で見られる外国を発表させ，外国との多様なつながりに興味をもてるようにする。 ・ハンバーガーショップの商品を通して，日本の商品のようでも外国とのつながりがあるという視点を与える。	【学びに向かう力，人間性等】我が国と外国とのつながりについて関心をもち，日本とつながりの深い国について意欲的に調べようとする。（発言・ノート）
つ　か	②	・日本の中に見られる外国について，調べてきたことを白地図に表し，日本とつながりが深い国を明らかにすることができる。	日本とつながりの深い国はどこだろうか ○自分たちの生活の中で見つけた外国を白地図に整理し，日本とつながりの深い国について話し合う。 ・アメリカとは，スポーツや貿易でつながりが深い。 ・中国とは，料理や漢字，衣服などでつながりが深い。 ・韓国とは，料理やテレビドラマなどでつながりが深い。	・日本と外国のつながりについて，調べてきたことをグループで白地図に整理し，全体で交流する中で，日本とつながりの深い3か国に気づくようにする。 ・ホームステイの意味を説明	【知識及び技能】生活の中の外国製品や外国文化を収集し，分かったことを白地図に表している。（白地図）

150

第10章　第6学年の学習指導

む			日本とつながりの深い国の人々とどのように関わっていけばいいのだろうか ○日本とつながりの深い国（アメリカ・中国・韓国）で暮らす6人の子どもたちの中から，自分の家でホームステイしてもらいたい人物を一人選ぶ。 ホームステイにやってくる〜（国名）の○○（人名）は，どんなくらしをしているのだろうか	し，「自分の家にやってくるとしたら」という設定をすることで，自分の問題として今後の学習への意欲がもてるようにする。	
	③	•どのような視点で調べていくのか話し合い，自分が選んだ人物の生活について予想を立て，学習の計画を立てることができる。	○ホームステイに向けて，調べる内容を考え，予想を立てて話し合う。 •どんなものを食べているのかな。 •服装は，自分たちと同じなのかな。 •ベッドじゃなくても大丈夫かな。 •学校ではどんなことをしているのかな。 •どんな遊びをしているのかな。 ○自分の調べる国の人物別にグループを作り，学習計画を立てる。 •アメリカのトーマスくんはイチローのことを知っているかな。野球に興味があると話がもりあがりそうだな。 •韓国の人は，辛いものが好きみたいだけど，ギョンミンさんにうちのごはんは大丈夫かな。韓国と日本のキムチはやっぱり味がちがうかな。 •中国の文字は漢字だから，ヤンくんと漢字で話ができるかな。 •他にも日本と似ているところ	•自分の家で寝食を共にするということから衣食住・遊び・学校の様子などの観点を出せるようにする。 •日本との共通点や相違点についても目を向けられるようにする。 •同じ人物を選んだグループで調べた後に交流するという見通しをもたせ，それぞれの調べる観点をグループで共通理解し，情報交換が有効になるようにする。	【思考力，判断力，表現力等】 自分の理由をもって，予想をしている。 （発言・ノート）
調					

			がないかな。		
べ る	④ ⑤	・日本とつなが りの深い国で 暮らす子ども たちの生活の 様子について 調べることが できる。	○自分の調べる国の人物別にグ ループで役割分担をし，協力 しながら調べる。 〈調べる方法〉 ・教師の準備したコーナーの 資料 ・図書資料（データ化して PC で共有する） ・インターネット　など ○調べたことから考えたことを ノートにまとめる。 ～（国名）の○○（人名）さ んが，ホームステイにやって くるとき，どんなことを知っ ておくといいのだろうか	・自分の予想を 検証するため に，調べる方 法について工 夫したり，資 料収集やアド バイスなどに ついては，グ ループで協力 したりして追 究できるよう にする。	【知識及び技能】 選んだ国で暮ら す人物の生活の 様子につ いて，必要な 資料を活用し て調べること ができる。 （行動観察・ ノート）
	⑥	・日本とつなが りの深い国で 暮らす子ども たちの生活の 特徴など調べ たことを同じ 人物のグルー プで交流し， 自分の意見を まとめること ができる。	○自分たちが検証し，考えたこ とをグループで交流する中で， 自分の意見をノートにまとめ る。 ・日本は～だけど，△△国の○ ○は…だということをを知っ ておくといいと思う。 ・他の国の子どもたちはどうな のか知りたいな。	・日本との共通 点や相違点に 目を向けて話 し合いができ るようにする。 ・自分たちが検 証したことを 交流する中で， どんなことを 知っておくと いいのか，自 分の意見をま とめるように する。	【知識及び技能】 自分が選んだ 国の人物の生 活の特徴を理 解している。 （発言・ノート）
	⑦	・外国には，異 なる文化や習 慣があるとい うことに気づ き，どの人が ホームステイ に来てもいい 方法を考える ことができる。	○自分が調べた国の人物と友だ ちが調べた国の人物の生活の 特徴と比べながら発表を聞く。 ・日本ではお皿をもって食べる のがふつうだけど，韓国の ギョンミンさんにとっては行 儀が悪いことになるというこ とを知っておくといいと思う。 ○発表を聞いて気づいたことや 考えたことをまとめる。 ・日本と同じところやちがうと	・自分が調べた 人物とちがう グループの発 表を聞くとき には，日本や 自分が調べた 国の人物と比 べて聞くよう にする。 ・日本との共通 点，相違点に	【知識及び技能】 外国には，異 なる文化や習 慣があるとい うことを理解 している。 （発言・ノート）

第10章　第6学年の学習指導

ま と め る			・自分が調べた国の子どもと友だちが調べた国の子どもにも同じところやちがうところがある。 どの人がホームステイに来てもいい方法はないだろうか	ついて話し合う中で，それぞれの国の文化や習慣に気づくようにする。	
	⑧ 本 時	・異なる文化や習慣を認め合うことが大切であることに気づくとともに，異なる文化や習慣をもちながらも共通した思いがあるということに目を向け，考えを深めることができる。	○自分の考えを話し合う。 ○ホームステイやホストファミリーを体験した中学生の話を聞き，自分の考えを検証する。 ○3か国の子どもたちが平和を望んでいることを知り，これから外国の人々とどのように関わっていけばいいのか自分の考えをまとめる。	・話し合いの中で，相手に合わせるだけではなく，自分の国の文化や習慣を大切にすることの大切さにも気づくことができるようにする。	【学びに向かう力，人間性等】 　異なる文化や習慣をもちながらも共通した思いがあるということに目を向け，考えを深めている。 （発言・ノート）

5．本時の目標

　外国の人々とともに生きていくためには，異なる文化や習慣を認め合うことが大切であることに気づくとともに，異なる文化や習慣をもちながらも共通した思いがあるということに目を向け，考えを深めることができる。

【学びに向かう力，人間性等】

6．本時の展開（8／8）

学習活動	支援・留意点　　◆資料	評価
1　学習問題を確認する。 どの人がホームステイに来てもいい方法はないだろうか		【学びに向かう力，人間性等】 　外国の人々と共に生きていくためには，異なる文化や習慣を認め合うことが大切であることに気づくとともに，異なる文化や習慣をもちながら
2　自分の考えを話し合う。 ・相手の国の文化や習慣を知って，相手に合わせることが大切だと思う。 ・相手に合わせるだけでいいのかな。日本に来てもらっているのに自分が無理をするのは変だと思う。	・話し合いの中で，相手に合わせるだけではなく，自分の国の文化や習慣を大切にすることの大切さにも目を向けることができるようにする。	

3　ホームステイやホストファミリーを体験した中学生の話を聞き，自分の考えを検証する。 ・相手の国のことを知ることだけではなく，自分の国のよさを伝えることも大切で，日本人として自分の国のことをもっと見つめ直さないといけないと思った。	◆オーストラリアへホームステイした中学生のインタビュー（VTR） ・オーストラリアにも異なる文化や習慣があることを知り，大切なことはどの国であっても同じだということに気づくようにする。	も共通した思いがあるということに目を向け，考えを深めている。 （発言・ノート）
4　3か国の子どもたちが平和を望んでいることを知り，これから外国の人々とどのように関わっていけばいいのか自分の考えをまとめる。 ・初めは，ホームステイにやってくる国の子どものことだけしか考えていなかったけど，友だちの意見を聞いているうちに，どの国にも文化や習慣があり，お互いがお互いの文化や習慣を認め合っていくことで，平和な関わりができるのではないかと考えた。 ・私は，中国という国に嫌な印象があった。でも，ジョウさんは私と似ているところがあって話が合いそうだから，中国の人みんなが悪い人であるようなイメージをもつことはいけないと思った。	◆児童と3か国の子どもたちのアンケート結果 ・事前に児童からとったアンケート結果と3か国の子どもたちのものとを比較して，異なる文化や習慣をもっていても平和を願う気持ちは同じだということに気づくようにする。 ・ニュースや事件，イメージなどで，その国を判断するのではなく，一人一人を見て判断していくことが，差別や偏見を無くすことにつながるということもおさえるようにする。	

7．板書計画

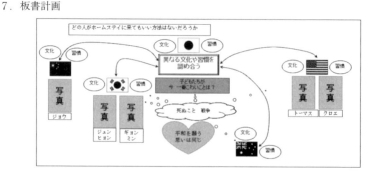

第10章　第6学年の学習指導

　このように，歴史学習を通して先人の業績から学んだ見方や考え方をいかして，現代社会を見つめ，正しく判断しようとする姿，そして，よりよい社会に向かって自分のもてる力を発揮しようとする姿などを育てることこそが，公民的資質の基礎を養うことにつながるのである。社会科は，社会を学ぶ大切な教科であり，社会は日々動き変化しているのである。児童と社会との距離をいかに縮めるかは，指導者が選ぶ教材次第といっても過言ではないだろう。興奮で胸が高鳴る教材に出合ったときのあの感覚をぜひ共感してほしいものである。

引用・参考文献
『新編 新しい社会6年 上・下』(2014) 東京書籍。
西村佐二指導 (2000) (『世界の子どもたちはいま　第I期』シリーズ)『中国の子どもたち』『韓国の子どもたち』『アメリカの子どもたち』学習研究社。
「歴史にドキリ——大国イギリスを説得すれば」(NHK for school) (http://www2.nhk.or.jp/school/ 2014年7月24日アクセス)。

学習の課題

(1)　歴史を学ぶ意味について，この章の言葉を用いながら説明してみよう。
(2)　2020年の東京オリンピックを想定して，あなたがふさわしいと思うキャッチフレーズを考え，そのわけを解説してみよう。

【さらに学びたい人のための図書】
澤井陽介 (2015)『社会科の授業デザイン』東洋館出版社。
　　⇨様々なパターンの学習問題や学習計画が，具体的な事例を交えてわかりやすく説明されている。
安野功・鈴木宏紀 (2013)『小学校社会　授業で使える全単元・全時間の学習カード6年』東洋館出版社。
　　⇨1時間の学習の流れや活用する資料などが解説とワークシートの見開きで全時間分が1冊に掲載されており，授業づくりのヒントが満載である。

（忠谷嘉人）

第11章 社会科授業と子ども理解

この章で学ぶこと

社会科のみならず教科教育で行われる授業という営みは，子ども同士の協働的，対話的な活動である。とくに社会科では，子どものもつ「問い」から派生した「切実な問題」を解決し，当たり前と思っている事実の矛盾を明らかにしていくのである。しかしながら現在の社会科授業では，教科書や資料集を基にした一方的な教え込みに陥っていることが少なくない。その結果，暗記教科としての「社会科」が，子どもたちの中での認識となっている。そこで本章では，本来の「社会科」としての授業を構築するための重要なファクターとして「子ども理解」をどのように行い，分析し，社会科授業に生かしていくのかを具体的な実践例をあげながら論じていく。

1 なぜ，子ども理解が必要なのか

(1) 子どもが嫌いな教科「社会科」

子どもたちに「好きな教科は？」と問いかけると，多くの子どもが「図画工作」「体育」といった実技教科をあげる。「なぜ？」と理由を聞くと「だって図工や体育は，テストがないから」「ものをつくるのが楽しいから」「体を動かすことが好きだから」「友だちと協力し合ったり，話し合ったりすることが楽しいから」という答えが返ってくる。

実際のところ子どもたちは，どの教科のどんなところが好きで，逆にどの教科が嫌いなのだろうか。ベネッセ教育総合研究所が，「学習基本調査」において小学校5年生を対象に「好きな教科」について調査を行っている。表11-1のような調査結果となっている。親世代の1990年と子ども世代の2015年までの推移を見てみると，実技教科の「図画工作」「体育」「家庭」が人気となってい

第11章　社会科授業と子ども理解

表11-1　子どもの好きな教科

(%)

	年	1990		1996		2001		2006		2015	
小学生	1位	体育	79.4	図画工作	86.5	図画工作	83.6	体育	84.9	家庭	90.2
	2位	図画工作	75.8	家庭	82.7	体育	81.6	家庭	84.3	図画工作	86.5
	3位	理科	71.4	体育	80.9	家庭	79.6	図画工作	79.1	体育	83.1
	4位	家庭	67.8	理科	71.3	音楽	69.7	理科	68.5	外国語(英語)**	77.6
	5位	音楽	57.6	音楽	62.2	理科	68.2	総合*	67.0	理科	75.2
	6位	国語	52.2	国語	61.0	総合*	61.0	音楽	66.8	総合*	74.4
	7位	算数	51.8	算数	53.1	算数	55.6	算数	62.8	音楽	71.5
	8位	社会	50.9	社会	51.4	国語	54.7	国語	53.4	算数	68.4
	9位					社会	49.6	社会	48.0	国語	58.5
	10位									社会	55.6

*　総合は「総合的な学習の時間」を示す。
**　外国語（英語）は「外国語（英語）活動」を示す。
出典：ベネッセ教育総合研究所（2015）「第5回学校基本調査」より。

ることがわかる。逆に，ランキングが25年間最下位であるのが，「社会科」である。つまり子どもたちにとって最も嫌いな教科が，「社会科」なのである。子どもたちに好きではない理由を問うと，「覚えるだけだから」「漢字が多いから」等の答えが返ってくる。

　本来，社会科は，用語の暗記を行う教科ではない。子どもたちに社会生活を様々な角度から深く理解させ，その中にある矛盾を明らかにし，社会を向上させていくことを目指している。そのためには，用語を暗記するのではなく，社会の「問題」に目を向け，自らの「問い」をもち，その「問い」に対して調べたり，話し合ったりしながら社会の本質を追究していくのである。

（2）「教材」主体の社会科授業

　社会科の授業を参観すると，教科書を読みながらその中にあるグラフや写真，図からわかることを読み取って学習課題に迫っている授業が多い。補助資料として資料集を活用していることもある。なかには，それらのグラフや写真を拡大したり，作成し直したりして自作教材化して単元の始めに提示し，子どもた

図 11-1 「子ども」ありきの授業
出典：筆者作成。

ちの興味・関心を高める工夫をしている授業もみられる。

　しかし，それらの授業にいえることは，教材ありきであり目の前にいる子どもたちの姿が反映されていないということである。教材の面白さを教材化して授業を進めることは決して悪いことではないし，子どもたちが興味・関心を高くもって授業に臨むことはむしろ歓迎すべきことである。

　そこで，子どもたち一人ひとりを理解し，どのような考えをもっているのか，課題は何なのか，興味・関心はどの分野にもっているのか等を把握し，教材を位置づけていくことをしていく。そうすれば，子どもたちの興味・関心は醸成され，子ども理解からの子どもの考えを基にして，授業の話し合い活動をファシリテートしていくことでより深い学びへとつながっていくのである。「子ども」主体の社会科授業を行うことが，より活性化された社会科授業となっていくのである。

（3）「子ども」主体の授業

　「子ども」ありきの授業とは，どのような授業であるのか。図 11-1 を見る

第11章　社会科授業と子ども理解

と授業の出発点が，子ども理解になっていることがわかる。

　子どもを把握することは，子どもの実態に合った教材を適正化し，子どものもつ「問い」を学習課題に設定することができる。子どもたちから生み出された学習課題は，子どもにとって「切実感」のある課題であり，追究意欲が増していく。さらには，子どもたちの考えや意見を把握することから，話し合い活動において意図的に意見を引き出すことで，授業をファシリテートしてコントロールすることが可能となる。そうすることで関係のない話し合い活動や根拠のない意見や考えを基にした話し合い活動にならない。

　また，子ども同士の人間関係を把握しておくことで，「仲間づくり」としての授業を行うことも可能となる。友だちの意見を聞き合ったり，反対したり，付け足したりすることで「折り合い」をつけることを学んだり，非攻撃的に自己主張することの大切さを学んだりする。そこには，学びだけではなく人間的な成長もみられるようになってくるのである。

2　様々な角度から子どもを捉える

（1）全体的・包括的な子ども理解

　子どもがトラブルを起こしたときに，教師が事実確認をして子どもの指導を行う。あるとき，子どもから「先生。俺のこと全然わかってくれない」と言われたことがある。これは，まさしく「子ども理解」ができていない結果の子どもの悲痛な叫びであると捉えることができる。このような子どもの悲痛な叫びをなくしていくことの解決策が「子ども理解」である。

　子どもを理解するということは，「漢字が得意だ」「字が上手に書ける」「計算が速い」など子どもの断片的な部分だけを理解することではない。また，発達心理学的に「3，4年生はギャングエイジだから暴れやすい」とか「5，6年生は抽象的思考ができるようになる」という理解の仕方は，あくまで統計学的に調査した結果をベースに分析したものである。子どもたちをそのような蓋然的な理解にあてはめてしまうと，子ども一人ひとりの姿が見えにくくなって

159

しまう。

　子ども一人ひとりは，異なる存在であり，個別的な理解を進めていく必要がある。「キレやすい」と判断しても，そのキレる場面や人間関係，生育歴，家庭環境等が一人ひとり異なっている。だから，個に応じた子ども理解を進めることで，学級経営や授業，生活指導，生徒指導の場面などで個に応じた支援・指導を行うことが可能となる。

　また，個に応じた子ども理解を進めることは，教師の子どもの見方を鍛えることにもつながる。教師は，子どもを理解するときに，これまでの行動や言動等から先入観をもって見ることが多い。そうすると，本当の子どもの姿が見えなくなってしまう。子どもの言葉一つ，行動一つとってもかならず意味をもっている。その意味を理解することで，人間としての子ども理解を進めることができる。そういった意味で，子どもを全体的・包括的に理解していこうとする教師の姿勢・態度が重要となる。教師が，そのような姿勢や態度を示すようになると，子どもを人間として保証した上で，学級経営や授業，生活指導，生徒指導を行うことができるようになる。子どもの側からすると，「先生は，私のことをよく見てくれている」と感じるようになり，教師と子どもとの信頼関係も深く構築されるようになっていくのである。

（2）現象学的アプローチ

　私たちが何気なく過ごしている日常という世界において，あらゆる出来事には意味付与されている。それらの出来事との関係の中において一人ひとり固有の世界をもっている。また，人間はそのような固有の日常世界を生きているのであり，一般化された世界に生きているのではない。そのような人間の現象の意味世界をわかろうとする態度が，現象学的態度である。

　また，日常生活の現象を理解するときに知らず知らずのうちに，先入観や偏見で知覚や認識，思考などを行っている。フッサールはこれを自然的態度（natural attitude）と呼び，現象学的態度とを鋭く対比させている。フッサールの有名な言葉に「事象そのものへ」というものがあるが，これが現象学の基本

テーゼになっている。

しかし，自然的態度にとらわれて生きている私たちは，なかなか「事象そのものへ」近づいていくことは困難であり，そのため事象のありのままの姿で現象学的態度によって近づかなければならない。そのためには，現象が意味していることについての先入観（自然的態度）を脇に置いて，現象に接している私たち自身を現象に対して十分に開いていかねばならない。そこで，このような生きた人間の生きている世界への適切なアプローチとして現象学的アプローチが生まれてきた。

それでは，具体的に子ども理解の場面でどのように現象学的アプローチを用いていくのかを説明していきたい。

【現象学的アプローチによる子ども理解】
① 子どもの行動，言動を記録する。
② 子どもの行動が，どのような時間軸で起こったのか。
③ 「間主観性」をもちながら，子どもがどのような意味をもってそのような行動に及んだのかを分析する。間主観性とは，その子どもの主観に立って子どもの意味世界を分析することである。
④ 先入観を排除し，その行動そのものを分析する。

上記の方法を用いて，具体的に分析した例をみていきたい。次に示すのは，担任時代に，現象学的アプローチによってA児の意味世界を分析したものである。

4／12 音楽の時間に子どもKが，机に突き伏して寝ていた。そのときは全員立って歌っていたのだが，その姿をA児が見て，
A：すわんなやー。K。今は立って歌うねんぞー。
Kが座っている椅子を力ずくで取り上げて，椅子を片づける。Kは，抵抗して椅子をとられまいとする。
K：いややー。やめてーや。
A児の目つきが変わっている。そうすると，Kは，新たに椅子を取りに行った。するとそれを見たA児は，
A：座るな言うてるやろ（怒っている）。

また椅子を取り上げようとする。そこで，教師が入って，

Ｔ：Ｋくんは，今疲れてるみたいだからそのままにしておいてあげようよ。

と声をかけ，取り上げようとしている椅子を元に戻す。Ａ児は納得がいかない表情で，

Ａ：ずるいわー。みんな一生懸命歌ってんのにー。

と怒ってしまう。オルガンの台をたたく。

※Ｔ＝教師 　　　　　　　　　　　　　　　（Ａ児フィールドノーツより）

【現象学的アプローチによる分析】

音楽の時間は，Ａ児にとって楽しみの時間である。歌を歌うことも楽器の演奏も，大好きである。音楽の担当は，30代女性教諭に入り授業として行っていただいている。Ａ児は，この先生のことを好きであり，そのことも音楽の時間を好きにさせる大きな要因ともなっている。この時間もＡ児は，一生懸命に歌っていた。この記録に出てくるＫは，隣のクラスの男の子である。このＫは，とにかく落ち着いてすることや集中することができない状態が続く。この日は学年が始まって最初の週ということもあり，２組合同で音楽をすることにした。ＫはＡ児の左斜め前の席にいたが，いつものように歌に集中することができずに机兼用オルガンの上で，突っ伏している状態であった。その姿を見て，Ａ児に怒りが湧いてくる。自分は一生懸命に歌っている。さらに，「みんな一生懸命歌ってんのにー」一人だけ座っている。そのＫの行為は，許すことができない。Ｋに無理矢理にでも歌わせようと，椅子を取り上げる。しかし，椅子を取り上げてもＫは反省するどころか新しい椅子を取りに行く始末である。そのＫの行為を見た途端，Ａ児は完全に怒りが頂点に達し，「座るな言うてるやろ」と大きな声を出して「キレる」のである。

このように，Ａ児になりきって行動の意味世界を読み解いていくことで，その子どもの考え方や傾向を理解することができる。理解できると，どんな場面でどんな行動をするのかを予測できるようになり，あらかじめ支援や指導の手立てをもっておくことができる。

（3）カルテからの子ども理解

カルテというのは，医師の患者一人ひとりの病気や症状，投薬等の記録のこ

第11章　社会科授業と子ども理解

とである。この医師の記録するカルテを子ども理解に生かす方法を，上田薫が
提唱した。

> わたくしのいうカルテは，諸検査の結果があれこれ記載されているといっ
> たものではない。指導の過程において教師がその子について「おや」と感
> じたことのみをすかさずメモしたものである（上田，1990，72頁）。

　要するに，子どもたちのナマの行動や言動を記録していくということである。
すぐにその場で書くことが原則である。しかも，教師の解釈や虚飾は一切加え
ずに，見た事実，聴いた言葉だけを端的に書いていく。あとで思い出しながら
書くと，事実があいまいになってしまうことが多い。さらには，時間が経つと
教師の先入観や感じ方が入り込んでしまって事実がゆがめられてしまうことも
ある。
　また，カルテを取るときには多様な視角で，記録を取っていく。上述したよ
うに部分的ではなく，全体的・包括的な視角でカルテを記録していくのである。
それは，授業場面，休み時間，朝の会等のあらゆる場面での子どもの様子を手
がかりとして記録するということである。さらに，全体的・包括的に把握して
いくために，同じような行動の事実を羅列していくのではなく，教師が「お
や？」「あれ？」といったような，これまでとは違った行動や「はっ」とする
ような，教師が気づかなかった行動をカルテに記入していく。そうすることで
子どもを全体的・包括的に丸ごと理解していけるようになる。
　カルテの記録がたまってくると，その記録から解釈を加えていく。その子ど
もは，この記録からどんな子どもで，どんなことに興味をもっているのか，ど
んなことにどんな反応を示すのか等のイメージを抽出する。しかし，子ども像
は，変化していくものである。そこで，「おや？」「あれ？」「はっ」の記録を
とり続けることで，さらに子どもの見方を広げていくのである。固まった教師
の子ども理解では柔軟に子どもを理解することが不可能である。

163

（4）カルテの実際

　筆者は，年度当初にルーズリーフバインダーを用意していた。見開き2頁の左上に子どもの氏名印を押印していく。学級全員分の氏名印を押したらカルテノートの完成である。筆者の取り方は，①日付，②何の時間か，③行動の記録である。4～5月は，子どもたちとの新しい出会いの時期でもあるので，カルテノートの記録量も多い。ある程度たまってくると，前述したように自分なりの解釈を加える。その解釈を基に教材を位置づけたり，授業の中で意図的に指名するなどの支援に生かしていく。見開き2頁を超えると新たにルーズリーフを足していく。

【4年A児のカルテから】

4／10　入学式

　式が始まると，周りにつばを吐き始める。場所を勝手に移動したり，隣の子にキスをしたりする。椅子の上に立ち始め，担任が後ろにつく。

A：先生，僕の名前知ってるやろ（うれしそうに自分の方を指さして）

T：知ってるよ。Aくんやろ。

K：Aくん，めだってるさかい知ってるで。2年生の時デビューしたやん。

　恥ずかしそうに，下に目線を落としていた。

4／27　中休み

　友だちとテレビの話をしていたが，そのうち興奮しはじめ，言い争いになる。友だちに手を出しかけたので，会議室で話をする。乳児院時代の話をし始める。

5／6　道徳

　「生」と「死」の学習中，人間の死について話し合いをしていた。

T：人間っていつかは死ぬよね。でも，人間って死ぬことがあるから生きていることをもっと大切に感じなければならないよね。

A：先生。そんなこといわんといて。もし，お母さんが死んだらどうしよう。涙が出てきたわ。

　涙目になってくる。お母さんのことを大変好きである。お母さんとは離れたくないという気持ちが強い。

5／15　社会

　社会の時間に「移動図書館についてわかったこと」についてのまとめる活動（書く）に取り組んでいるときに表記の間違い（〇〇わ，→〇〇は）を注意され，

第11章　社会科授業と子ども理解

「うっさい！　だまれ」と教師に向かって暴言を吐く。

5／15　音楽

　音楽の時間にとなりの女の子にちょっかいを出しているのを近くの女の子に注意され，つばを吐きかける。席を離し，謝るように促すが，謝ることができない。

5／18　音楽

　音楽の時間に「茶つみ」などの手遊び歌を機嫌よくやっていたが，自分の話を一番に聞いてくれなかったことに腹を立て，水筒のお茶の残りをみんなにばらまく。教師や周りの子どもにつばを吐いてキレる。席は立っている。

5／22　給食

　給食の準備中。日本語教室の子が，別室で会食するので日本語教室の子どもたちに先に配ってあげるように指示をすると，それが気にくわないらしくキレて，牛乳を投げつけ，ストローも投げつける。誰かが違うことをすると，「ずるい」と思って我慢できないらしい。

　このように，A児のカルテを見ていくと，「キレる」場面が多いが，4月10日や5月6日の記録を見ると，自分のことを知ってもらいたいという気持ちが現れていると解釈することができる。また，母親への愛情を感じさせることから，社会科で人間にスポットを当てた教材でA児を活躍させることができるのではないかと考えた。すなわち，カルテを取ることで，子ども一人ひとりに沿った対応や授業を考えることができるのである。

3 　子ども理解を生かした授業実践

（1）授業に位置づけた子ども「ゆうき」

〔ゆうき〕

4／8　学級活動

　新学期が始まったその日に，教室中の机の上を走り回っている。「机からおりようや」と言うと「くつぬいでるからかまへんやんけ」との答えが返ってくる。

4／24　中休み

　「コピーしてきて」と頼むと「50円くれたら行ってきたるわ」とお金に関しての執着の強い答えが返ってくる。その後も，何かにつけてお金にまつわる発言が

165

よくでてくる。「お父さんなあ，この間パチスロで５万円勝ってんで」「N子なあ（異父妹）勝利の女神やねん。馬券当てよってんで」などお金に頼る発言が多く聞かれる。

4／26　国語

　授業時間には，勝手に図書室からたくさんのお気に入りの「ゾロリ」の本を持ってきては，読んでいる。そのときは，非常に静かで，大人しく読書にのめり込む。

5／13　昼休み

　ドッジボールをしているとき，「僕を守ってや」と手をつないでくる。突っ張っているのとは逆に「怖がり」「痛がり」の面もみられる。愛情不足の寂しさが滲み出ている言動なのか。

5／20　算数

　プリント学習でわからなくなると，はさみで切り刻んで紙吹雪にしてしまう。「どうせこんなんやってもムダや。何の役にもたたへん」と言い切る。自分ができないことへの恐れ，またできないことが他の友だちに知られてしまうことへの不安感がそのようにさせたのかもしれない。

5／23　理科

　ひょうたんを育てているときに，自分で育ててきたひょうたんの苗を引っこ抜いて，ぶちぶちにちぎる。「ひょうたんかって命あるし，今まで自分が育ててきたやん」と言うと「どうでもええやろ。俺が育ててんからお前には関係ないやろ」との答えが返ってくる。他人への関わりだけでなく，小さな植物の命までもが，疎ましく思えてしまう。

6／2　社会科

　社会科の「ゴミの学習」で「俺なんかゴミや。親にゴミ扱いされてるんや。俺は親を利用してるだけや」との発言。今まで親からも大切にされていないと感じるゆうきは，すべての大人に対して不信感をもっている。ゆうきを「ゴミ」扱いしない大人として，私自身の存在をゆうきに伝えねばならない。

（2）「ゆうき」にかける願い

　ゆうきは，4月当初より授業には，ほとんど参加しない状況であり，図書室に勝手に行ったり，職員室のパソコンを触りに行ったりして教室からエスケープすることもしばしば見られた。教室にいても，立ち歩いて他の子どもが学習

している邪魔をしたり，学習課題とはまったく異なることをしていた。そして，すべてのことを恫喝と暴力によって解決しようとする根本的な考えが彼のベースとなっていた。そのような考えが，周りの子どもにも影響しており，ゆうきと同様に暴言，暴力，恫喝によって問題を解決しようとする傾向にあった。

　ゆうきの影響から，「学級に争いや暴言が存在するのはしようがないこと」「問題を解決するには，相手を暴言や恫喝で脅せばいい」といった感覚が，学級の子どもの多くに根づいていた。

　そのような学級を見て，すべての問題を力で解決しようとするゆうき，そしてその考えが根づいている学級の子どもたちの雰囲気，それ自体が大きな問題であると考えた。そこで，暴言，恫喝で問題解決している現実を「切実な問題」として位置づけ，その問題を学級全体で解決していくことを通してゆうきが変容してくれるだろうと願いをかけた。イラク問題を教材として位置づけたのも，イラク問題を考え，話し合っていくことで学級の問題とシンクロさせて暴力によらない考えをもってほしいという思いからだった。ゆうきの発言と周りの子どもたちの発言が響き合うことにより，ゆうきが学級の中で安心して過ごせる空間・時間をつくり上げることができるのではないかと考えた。とりわけ「わからないから面白くない」と授業に反発し，妨害し続けてきたゆうきにとって，自分の取ってきた行動も含め，考え抜くことができる授業にしていきたいとの願いをかけた。さらにゆうきにとって「戦争」という問題は，好戦的な性格上，非常に強い関心をもつと思われたので，調べ学習や授業への積極的な発言を促すことができるかもしれないといった期待も教材化した大きな要因であった。

（3）子ども理解から授業をつくる

授業記録　〔Ｔ＝教師　Ｃ＝子どもたち（　）内は，子どもの行動や教師の思いを表記〕	
本時学習課題　「様々な争いを解決していくためには，戦争以外に方法はないのか？」	
1Ｔ	昨日ね。「戦争や争いは起こるのはしゃあない（しょうがない）」って言ってた人が多かったね。

2たかや	先生（意見）変えた。
3T	変えたんか。じゃあ戦争が起こるのはしゃあないと思う人は？
4C	（手が挙がる12〜13人）
5たかや	先生。平和にする方法あったで。調べてきた。
6T	どんな方法があった？
7たかや	えっと。まず、裕福な国と貧しい国の差をあんまり感じなくすること。あと、お母さんが言ってやってんけど日本国憲法第9条では，日本は戦争をしないという…。
8ゆうき	（たかやの発言の途中で。けんか腰で）そんなん誰でも知ってるわ。誓ったやん。前言ったやん。
9T	何で誓ったん？　ゆうきくん。
10ゆうき	……（はさみで遊び始める。Tの質問には答えず。）
11たかや	あとー。うまいこと説明できひんかもしれんけど。武器をあまり使わせないようにする。
12ゆうき	でも（武器を）使ってるやん。（一応話は聞いている。うろうろしながら教卓の前まで来る。）
13じゅん	みんなが戦争を起こしたり，人を殺したりすることを考えなければいい。
14ゆうき	そうだそうだ（小馬鹿にしたような感じで。教卓の前でレコーダーを触りながら）ソーダうまいでー。でも、俺ソーダよりコーラの方がうまいしな。（みんなの注目を引いている。早く座って話を聞け。でも、一応話を聞いているのでこれをきっかけに考えてほしい。）
15T	（自分の席に戻って絵を描き始めたゆうきに対して，板書しながら）おい，ゆうきくん。お絵かきあかんぞ。（ええかげんにしとけよ。）
16ゆうき	わかってます。似顔絵。（反抗的に）
17T	明日（図工）するから。（板書中。少しイライラしながら。）
18ゆうき	わかってるって（語気が荒くなる）
19たけし	明日すんの？　何描くの？（つぶやき）
20T	はい、たかやさん。（授業を元に戻す。）
21たかや	この本に書いてあんねんけど。
22T	なんていう本ですか？
23たかや	「初めての伝記」。ここにのってるガンジーっていう人は，警官にどんな乱暴をされても抵抗はしませんって書いてある。ここの文章を読むと、ガンジーが人々に自分の考えを話していると警官が襲いかかります…。
24たけし	（つぶやき）ガンジーって誰やねん。
25T	（まだ絵を描いているゆうきに対して）ゆうきくんやめとき。明日す

第11章　社会科授業と子ども理解

		るいうてるやん。
26	ゆうき	明日しないやろ！（反抗的な態度）
27	T	時間取ったる！　たかやくん続けて。（授業を元に戻す。）
28	たかや	ガンジーはどんなに乱暴されても抵抗しません。
29	ゆうき	抵抗するし‼　絶対。（授業に参加し始める。）
30	たかや	こづかれても段られてもじっとしているだけでした。
31	たけし	俺と一緒や。（つぶやき。冗談ぽく）
32	ゆうき	うそつくな。（たけしに対して）
33	たかや	粗末な物を巻いて，裸足にサンダルをはいた小さな弱々しいおじい
		ちゃんに見えました。でも心は大きく強かったのですと書いてある。
		だから，ガンジーのように無駄な抵抗はやめた方がいい。戦争とかで
		抵抗しないでいたらいい。
34	ゆうき	（ふざけながら）無駄な抵抗はやめろ！　完全に包囲されている。
35	T	やり返さないで心は大きく強くもつってことかな？
36	たけし	（つぶやき）やり返すで。ふつう。（授業に参加している。）
37	T	たかやくんはこう言ったけど「戦争はしゃあない」って言ってた人ど
		う。
38	たけし	ガンジーは強いけど，俺たちとは違うねん。俺たちは弱いねん。
97	たかや	今，思ってんけど，黒人の人とか白人の人とかの社会をなくしたら戦
		争がなくなるのかな？
98	T	差別だから？
99	たかや	そう。差別なくしたら戦争なくなるんちゃうかな。
100	T	差別をなくすと平和になるのか。じゃあ，このクラスだったらどうす
		る？「悪口言われました」しゃあないと思うんじゃなくて平和なクラ
		スにしようと思ったらどうしたらいいの？
101	たけし	全員消すねん。
102	T	どうする？（ゆうきがうろうろし出したのでゆうきに問いかける。）
103	ゆうき	だから，全員消すねん。この世から。
104	T	平和違うやん。
105	ゆうき	あの世で平和になりな。（ふざけが入る。）
106	T	平和なクラスにしようと思ったら，どうしたらいい？　戦争やったら
		差別なくしたり，平和な心を一人ひとりがもったりすることで平和に
		なるってみんな言ったやろ。
107	たかや	このクラスでも少しでも差別をなくしたらいい。
108	T	このクラスで，差別ってどんなこと？
109	えみ	仲間はずれ。
110	たけし	たとえば，なんかを持っていないと仲間はずれにされる。（自分の経

169

	験か)
111T	おもちゃを持ってないとか？　他に仲間はずれある？
112えみ	遊びで，ドッジとかでお前入るなとか？
113ゆうき	（棒を振り回している。しばらく様子を見る。）
114T	他に差別とかはある？
115さとる	背が低いとか。
149ゆうき	（個別対話）あんな，人の心を癒したらいいねん。そうしたら，差別なくなるで。（なるほど。いいこというやん。）
150T	いい言葉知ってるね。ゆうきさんから提案がありました。（みんなにゆうきの意見を広げようとすると照れて邪魔をしてくる。）
151ゆうき	先生，約束ちゃうやん。
152T	ちょっと真剣に聞いてや。人の心を癒したらいいねんて。癒すってどんな感じ？
153たかや	気持ちいいこと。
154しゅう	人をリラックスさせる。
155たけし	ストレスを解消する。
156えみ	楽になることかな。
157T	それじゃあ，人の気持ちを癒すためにはどうすればいい？
158たけし	そいつの気持ちを考えて，そいつに合うなあ。こうなんかさあ。（考える。）
159しゅう	人格？
160たけし	変える？
161ゆうき	（しゅうの発言に対して）変える。変える。（人に合わせるということ。）
162たけし	先生の場合なあ。……。（たけしが割り込む）こら，お前なあ。調子乗ってんなよ。（ゆうきが，注目されるのが気に入らない。）
163T	人の心を癒すためには他にどうしたらいい？
164えみ	面白いことを言う。（ゆうきは，これを受けて笑いを振りまく。）
165りく	マッサージ？　マッサージしたら気持ちいいし。
166たけし	自分がサンドバッグになる。
	（教室中に笑いがあふれている。ゆうきが漫才をしている。）

　授業の前半は，絵を描いたりふざけていたゆうきも，たかやのガンジーに関する発言に反応をみせて，徐々に授業参加をしていき，ガンジーとは異なる自分の考えを語っていくようになる。たかやの発言で，ゆうき自身が揺らいでいく。「平和にならへん」と言い切っていたゆうきが，差別のことを考えていく

第11章　社会科授業と子ども理解

うちに149「あんな，人の心を癒したらいいねん。そうしたら，差別なくなるで」と自らの考えを変容させていくことになる。そのゆうきの「癒す」という発言から，学級の中で「癒すにはどうすればいい」という話し合いに変化していった。ゆうきは，自分の生み出した「癒す」をみんなで考えてくれているという満足感・達成感が自分の中にあふれ出たのではないかと考えられる。その後も，「癒す」＝「笑い」という図式をゆうきは考え出す。そして，授業の中でもそれを自ら実践してみせ，学級が癒され，「平和な状態」へと変容していったのである。

引用・参考文献

上田薫（1990）『人間のための教育』国土社。
ベネッセ教育総合研究所（2015）「第5回学校基本調査」。

学習の課題

(1)　子ども理解を行うための観察力をつけていくために，周りの人のカルテを取ってみよう。
(2)　教育実習やサポーター等で子どもと関わる際に，「間主観性」を用いながら子どもの立場になりきって，子どもの行動の意味世界を読み解いてみよう。

【さらに学びたい人のための図書】

上田薫（1990）『人間のための教育』国土社。
　　⇨カルテによる人間理解の必要性や教師としての子どもに対する姿勢の課題が書かれており，教師を目指す人には必読の書である。
藤井千春（2010）『子どもが蘇る問題解決学習の授業原理』明治図書。
　　⇨話し合い活動による授業実践例が多く掲載されており，問題解決学習の理論と実践がわかりやすく紹介されている。
山根栄次・市川則文・三重「個を育てる授業」研究会編著（2002）『個の育成をめざす21世紀の生活科・社会科・総合の授業づくり』黎明書房。
　　⇨授業の実践記録が数多く掲載されており，授業記録を読み込むことで子どもの姿の変容を理解することができる。

（川嶋稔彦）

第12章 社会科授業と教材研究

この章で学ぶこと

社会科は「問題解決的な学習」を通して，子どもたちに「知識及び技能」「思考力，表現力，判断力等」「学びに向かう力，人間性等」といった資質・能力を育成することを目指す。

本章では，「授業をつくるために」「問題解決的な学習の充実を目指して」「社会科における学習問題とは何か」「学習素材を教材にするポイント」といった構成にしている。

教師と子どもたちがともに社会科の授業をつくっていくためには，どのようなことを意識して教材研究に取り組んでいけばよいのかを考えていきたい。

1 授業をつくるために

(1)「これが，わたしの社会科授業だ」と自信をもって実践するために

「教師として授業は『命』」「教師は授業で勝負する」といわれる。これらはよく耳にする言葉である。しかし，いざ，単元を構想し，1時間単位の授業を実践していくとなると簡単なことではない。

とくに，社会科という教科は，「平成29年版小学校学習指導要領解説社会編」（以下，「新学習指導要領解説社会編」）からも読み取ることができるように，たとえば，小学校第3学年では「身近な地域や市区町村の地理的環境」「地域の様子の移り変わり」等について，第4学年では「自分たちの都道府県の地理的環境の特色」「地域の伝統と文化」等について，第5学年では「我が国の国土の地理的環境の特色や産業の現状」「社会の情報化と産業の関わり」等について学習する。このとき，事例（地）を考える必要がある。また，第6学年では

「我が国の政治」「我が国の歴史上の主な事象」等について学習する。このとき，国や都道府県，市によって行われている対策や事業，「新学習指導要領解説社会編」に例示されている42名の人物に代えて，他の人物を取り上げる場合には，精選する必要がある。

社会科は，授業をつくるときの裁量や自由度が，他の教科と比べて高いといえる。そのため，社会科の授業をつくるとき，教師には枠内に示す力量が求められる。

- 子どもたち，地域，学校の実態を踏まえ，どのような教材を用いるか。
- どのような単元を構想するか。
- どのような学習活動を展開するか。

これらの力量は，一朝一夕に身に付くものではない。また，教師は自分の考えで「教材」「単元の構想」「学習活動」を決めていかなくてはならないという難しさや苦手意識から，「子どもたちや地域の実態に合った授業が大切なことはわかっているけれど，社会科の授業は難しくて……」と，子どもたちが教科書の文章を読んで終わったり，教科書の内容や板書を書き写して終わったりする社会科の授業も見受けられる。

教科書の内容を理解することは大切であるが，その繰り返しだけでは子どもたちに「知識及び技能」「思考力，判断力，表現力等」「学びに向かう力，人間性等」を育むことは難しい。

上記のような力量を高めるために，「多くの優れた授業実践を参観すること」「できる限り授業の記録を書き記すこと」「意図的に授業を実践し，多くの人に参観してもらうこと」「日々の授業実践について語り合うこと」「話し合いで得たヒントを自分の授業に活かすこと」等を積み重ねていきたい。これらの地道な努力に支えられた社会科の授業が，子どもたちの資質・能力を育むこと，「社会科が好きだ，楽しい」という子どもたちを増やすことにつながると考える。

（2）教材研究の大切さ

　授業は，子どもたちの実態を踏まえて，各教科等の目標（社会科では第3学年から第6学年の目標）を達成させるために展開される。そこで重要なのが「教材研究」である。

　教材研究とは，簡潔に述べるならば，子どもたちに単元や1時間の授業の中で「何を」「どのように」学ばせるのかに関わる研究である。

　「何を」にあたるところが，子どもたちに育みたい資質・能力と教科書や資料集等の分析である。まず，単元や1時間の社会科の授業を通して，子どもたちにどのような力を身に付けさせるのかを明確にしなくてはならない。

　「新学習指導要領解説社会編」を読むと，たとえば，第3学年の内容(1)では，「身近な地域や市区町村の様子」について，学習の問題（以下，学習問題）を見出し，それを追究・解決する学習活動を通して，子どもたちが身に付けていく事項が示されていることがわかる。

　そして，「知識及び技能」を身に付けることについては，「身近な地域や自分たちの市の大まかな様子」を理解し，それを知識として身に付けるように指導すること，「観察・調査，地図などの資料」で調べて，「白地図」などにまとめることを通して，社会的事象について調べまとめる技能を身に付けるように指導することがわかる。

　「新学習指導要領解説社会編」を読み解くと同時に，教科書や資料集等を，どのように分析するのかについても，教材研究の方法として大切な面をもっている。教科書や資料集等に載っている資料にはどのような特性があり，学習活動の重点をどこに位置づけるのか等について研究するのである。

　「どのように」のところは授業方法になる。「教師から子どもたちへ」ではなく，問題解決的な学習を通して，子どもたちが学び合い，学習問題に対する解決を見出すことができるようにしていきたい。教科書や資料集等に載っている資料をどのように提示するのか，発問や板書をどのようにしたら子どもたちが学び合う場になるのかなど，教材研究を進める上で，教師が考えるべきことは多いのである。

第12章　社会科授業と教材研究

2　問題解決的な学習の充実を目指して

（1）小学校社会科における問題解決的な学習とは

社会科はこれまで，小学校で問題解決的な学習の充実，中学校で適切な課題を設けて行う学習の充実が求められてきた。「新学習指導要領解説社会編」においても，それらの趣旨は踏襲されている。

では，問題解決的な学習とは，どのような授業のことを示すのだろうか。授業の型には大きく分けて，次のⅠおよびⅡに示す２つの型がある。

> Ⅰ：教師主体の授業で，教師が子どもたちに知識を伝達して身に付けさせる授業
> Ⅱ：子どもたちが自ら問題意識をもって自ら知識を習得・獲得していく授業

ⅠとⅡそれぞれに良さがあるが，Ⅱの授業の型を問題解決的な学習といっている。問題解決的な学習について，「新学習指導要領解説社会編」には，次のように示されている。

> 問題解決的な学習とは，単元などにおける学習問題を設定し，その問題の解決に向けて諸資料や調査活動などで調べ，社会的事象の特色や相互の関連，意味を考えたり，社会への関わり方を選択・判断したりして表現し，社会生活について理解したり，社会への関心を高めたりする学習などを指している。問題解決的な学習過程の充実を図る際には，主体的・対話的で深い学びを実現するよう，児童が社会的事象から学習問題を見いだし，問題解決の見通しをもって他者と協働的に追究し，追究結果を振り返ってまとめたり，新たな問いを見いだしたりする学習過程などを工夫することが考えられる。　　　　　　　（文部科学省，2017，21頁）

小学校社会科では，単元や１時間単位（45分間）の授業で問題解決的な学習を繰り返し行うことを通して，子どもたちに「知識及び技能」「思考力，表現力，判断力等」「学びに向かう力，人間性等」といった３つの柱で整理された資質・能力を育成することを目指すのである。

したがって，社会科の教材研究に取り組むときには，単元や１時間単位の授

業が問題解決的な学習の展開となるように構想することがめあてになる。

（2）問題解決的な学習の展開——単元の構想

　問題解決的な学習の単元の構想に取り組むとき，学習過程の大まかなイメージをもつことが大切である。表12-1は，その一例である。

　表12-1から，学習過程が「であう→つかむ→調べる→まとめる」になっていることがわかる。また，学習展開は，Ⅰ～Ⅴの5つに分かれていることがわかる。学習展開の5つのポイントについて順に示していく。

〈学習展開Ⅰのポイント〉

　子どもたちがであう社会的事象は，大人の社会のものごとや出来事で，子どもたちにとっては身近ではない場合が多い。ここでは，子どもたちに生活に身近な事象を具体的な資料で提示することが望ましい。

〈学習展開Ⅱのポイント〉

　学習過程「であう」で提示された社会的事象に対して，子どもたちから「なぜだろう」「どのようになっているのだろう」といった素朴な疑問が生まれるようにする。それらを大切にしながら，学級全体で調べていくことを決める。これが学習問題（学習問題については，本章第3節で述べる）となる。

〈学習展開Ⅲのポイント〉

　学習問題を追究・解決するためには，「何を」「どのように調べていけばよいのか」を考える必要がある。これが学習問題に対する予想や学習計画である。「教師が提示した資料」「子どもたちのもつ知識や経験」等をもとにした，子ど

表12-1　単元の学習過程

学習過程	学　習　展　開
であう	Ⅰ：社会的事象とであう。
つかむ	Ⅱ：学習問題を見出す。
	Ⅲ：学習問題に対する予想や学習計画を考える。
調べる	Ⅳ：学習問題に対する予想や学習計画に基づいて追究し，自分の考えをもつ。
まとめる	Ⅴ：学習問題に対して，友だちと学び合い，わかったことや考えたことをまとめる。

もたちの主体的な学びの大切な出発点になる。

〈学習展開Ⅳのポイント〉

　子どもたちが見学や調査，資料活用等を通して，主体的に学習問題の追究・解決に向かう過程である。調べたことを友だちと伝え合ったり，説明し合ったりして，学習のまとめに向けてさらに深く調べたり，意見交換を行ったりする場を設定することもある。

〈学習展開Ⅴのポイント〉

　学習問題を振り返って「どのようなことがわかったか」を友だちと話し合ってまとめたり，学習内容を振り返って「自分なりに考えたこと」をまとめたりする。

　ここで示した学習過程にとどまらず，さらに問題解決的な学習を充実させるための研究も行われている。たとえば，2014（平成26）年度に開催された「第52回全国小学校社会科研究協議会研究大会京都大会」では，学習過程を「であう→つかむ→調べる→問いかける」と構成した研究が発表された。学習過程「問いかける」では，「人の行為・行動，自分の思考・生活に問いかけ，社会への貢献について考える」学習展開を通して，「公共的な視点に立って人の行為・行動に問いかけ，自己実現の先にある社会貢献を理解し，それに対する自分なりの考えを表現する」（京都市小学校社会科教育研究会，2014，18頁）ことがポイントとして提案された。

　先行研究から，「どのような学習過程になっているのか」「どのような学習展開を通して，子どもたちにどのような力を身に付けさせようとしているのか」等を学び，自分が実践する単元や1時間単位の授業の構想をイメージする力を鍛えることも大切な教材研究である。

（3）問題解決的な学習の展開——1時間単位（45分間）の授業の構想

　単元の構想ができたら，続いて，1時間単位の授業をどのように構想し，展開するのかという段階になる。

　本章第1節で述べたとおり，社会科は，授業をつくるときの裁量や自由度が，

表 12 - 2　1 時間単位の学習過程

学習過程	学　習　展　開
であう	本時の学習対象となる社会的事象（資料）とであう。
つかむ	「学習問題」あるいは「本時の問い」を把握する。
調べる	「学習問題」あるいは「本時の問い」の解決を図るために，諸資料で調べる活動を行う。調べる活動を通してわかったことをもとに，友だちと「学習問題」あるいは「本時の問い」について考えたり，検討したりする。
まとめる	「学習問題」あるいは「本時の問い」についてわかったことや自分で考えたことをまとめる。

他の教科と比べて高い教科である。そのため，1 時間単位の授業を「このように構想し，展開するべきだ」という固定的なものはない。しかし，子どもたちが問題解決の見通しをもって他者と協働的に追究し，追究結果を振り返ってまとめたり，新たな問いを見出したりする学習過程を展開することを目指すのならば，単元の構想と同様に，表 12 - 2 のような学習過程を基本に 1 時間単位の授業を構想することが大切だと考える。

　次の 1 ～ 5 は，表 12 - 2 で示した 1 時間単位の学習過程に基づいて作成した「第 6 学年『貴族の生活』」の学習指導案（「筆者作成」）である。

1．日　時　平成○年○月○日（○）○校時
2．単元名　「貴族の生活」
3．単元の目標　・貴族の生活や文化を手掛かりにしたり，代表的な文化遺産や文化財，地図や年表などの資料で調べたりして，「日本風の文化」が生まれたことを理解する。
　　　　　　　・貴族はどのような生活をしていたか，どのような作品を残したかなどの知識をもとに，「日本風の文化」の特色を考え，表現する。
　　　　　　　・意欲的に問題解決に取り組み，「日本風の文化」に対する愛情をもとうとする。
4．本時の目標　貴族の生活の中から生まれてきた「日本風の文化」について，資料を活用して調べ，理解する。

第12章　社会科授業と教材研究

5．本時の展開　2／3時間

学習過程	学習活動	主な発問（◇）／主な指示（□） 予想される児童の反応（・） 「学習問題」あるいは「本時の問い」	必要な資料など（◆） 支援（＊）／留意点（○） 評価
であう	1「貴族のくらし」について振り返る。	◇「貴族の生活」には，和歌や蹴鞠のほかにどのようなものがあったのだろう。 ・ひな祭りや七夕などの季節の行事もあったんだね。 ・それらは今でもわたしたちの生活に受けつがれている行事だね。 ・すもうも行われていたんだね。	＊教科書に「貴族の生活の中で，さまざまな季節の行事がありました」という記載がある。この文言を根拠にして問いかけることで，ひな祭りや七夕といった子どもに馴染みのある行事が平安時代に行われていたことに気付くことができるようにする。
つかむ	2学習問題をつくる。	◇（資料「正倉院の宝物」を提示しながら）これらはどのような文化でしたか。 ・西アジアや中国から日本に入ってきた大陸の文化です。 ・平安時代の文化には，どのようなものがあったのかな。 平安時代の文化には，どのようなものがあったのだろう。	◆資料「正倉院の宝物」 ＊貴族の生活の様子と既習の「正倉院の宝物」を比べることで，問題意識をもつことができるようにする。
調べる	3学習問題に対して，資料をもとに調べる。	□学習問題に対して，資料をもとに調べよう。 ・その代表的なものが「かな文字」だね。 ・紫式部が「源氏物語」を，清少納言が「枕草子」をかな文字で書いたんだね。 ・「大和絵」には，貴族の生活ぶりなどが描かれているんだね。 ・平安時代に，美しくはなやかな日本風の文化（国風文化）が生まれたんだね。 ・束帯（男性の服装），十二単（女性の服装）は日本風の文化なんだね。 ・平安時代には，これまでの大陸の文化を取りこんで，新たに日本の風土にあった文化が生まれたんだね。そして，現在まで受けつがれているも	◆紫式部の名前と人物画 ◆清少納言の名前と人物画 ◆「かな文字」 ◆「大和絵」 ◆「束帯」 ◆「十二単」 ◆地図帳 ◆「ことば『日本風の文化』」 ＊大陸の文化と平安時代の文化を比較することで，平安時代に大陸の文化とは趣の異なった独自の「日本風の文化」が生まれたことを理解できるようにする。 ＊「『平安時代』の主な舞台はどこだったのだろう」という補助発問を行うことで，平安時代の文化は，平安京，つま

179

		のも多く残されているんだね。	り京都ととても深い関わりがあることに気付くことができるようにする。
ま と め る	4学習問題に対して，わかったことをまとめる。	□学習問題に対して，わかったことをまとめよう。 • 貴族たちは，和歌や蹴鞠，端午の節句や七夕などの季節ごとの年中行事などを楽しんだ。その中で，束帯や十二単などの服装が生み出され，その様子は大和絵に描かれている。また，平安時代には，かな文字がつくられて，紫式部の源氏物語や清少納言の枕草子に代表される多くの文学作品が書かれた。このように，貴族のくらしから，はなやかな「日本風の文化」が生まれたことがわかった。	【知識及び技能】 貴族の生活の中から生まれてきた「日本風の文化」について，資料から必要な情報を集め，理解している。 <div align="right">（ノート）</div>

　教材研究として，学習指導案をつくるとき，まずは，本時の目標をもとに，子どもたちに本時のまとめとして書かせたいことを想定し，記入する。次に，本時のまとめに至るためには，どのような「学習問題」あるいは「本時の問い」にするのかを考える。1時間単位（45分間）の授業を構想し，展開する際のポイントである。

[3]　社会科における学習問題とは何か

（1）学習問題とは

　「社会科の授業の最も大切な要素は学習問題である」「社会科の授業は学習問題の『質』で決まる」。これらは数多くの実践を積んでおられる先生方からよく聞く言葉であり，前節のとおり，問題解決的な学習を展開していく上で欠くことのできないものである。筆者自身も学習問題の大切さを実感しながら社会科の授業に取り組んできた。ところで，学習問題とは何か。教材研究を進めるときに明らかにしておきたいことである。以下は，学習問題についての記載を抜粋・引用したものである。

○学習問題とは，子どもの問題意識と表裏一体の関係で成り立つ学習の問題（社会科のねらいを実現するもの）である（安野，2005，86頁）。

○「学習問題」は，「つかむ→調べる→まとめる」などの一連の問題解決的な学習活動を貫く問題を意味します。多くの場合，単元・小単元の問題として設定されます。一方，1時間の学習の中にも「つかむ→調べる→まとめる」の流れがあることが多いので，「本時の学習問題」と単元・小単元の問題と区別していう場合もあります。本時の学習問題を「本時の課題，めあて」などとする場合もあります。いずれにしても，学習問題は学習のための問題であり，いわゆる社会問題そのものを意味するのではありません（澤井，2013，122頁）。

では，教材研究の際に，学習問題を見出す過程で構想しておきたいことは何だろう。ここで取り上げる第4学年「京都府と各地とのつながり（舞鶴）」の事例は，2015（平成27）年の実践である。「社会科は，覚えなくてはいけないことが多くて，あまり好きではない」と話していた子どもが第5学年に進級してから「先生，『舞鶴』の勉強，おもしろかった」と感想を伝えに来てくれたことから，心に残る実践になっている。同時に，学習問題を見出す過程で子どもたちの「おもしろそうだ」「考えてみよう」という気持ちや問題意識を高めていくことの大切さを再確認した実践でもある。学習問題を見出すまでの概要をまとめると次のようになる。

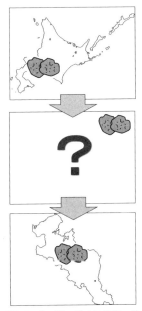

図12-1　ジャガイモの旅，北海道から京都府へ

出典：筆者作成。

1. 本時の目標「国内各地や外国とのつながりのある京都府に関心をもち，交通の様子などを意欲的に調べられるようにする」ために，図12-1で示す資料を大型のテレビ画面を使って順に提示することで，「ポテトチップスの原料であ

図12-2 ジャガイモの旅を考えるワークシート

出典：筆者作成。

る北海道で栽培されたジャガイモは，どんな旅をして京都府にあるポテトチップス工場まで運ばれてくるのか」について問題意識をもつことができるようにした。

2. 図12-2で示すワークシートを子どもたちに配布するとともに，地図帳「日本列島を見渡す地図」を活用することを指示した。このようにワークシートに子どもたち個々の思考を表現したり，地図帳から読み取った情報を関連づけたりすることを通して，ジャガイモが北海道から京都府へ届く旅を予想することができるようにした。

3. 子どもたちは「高速道路を通ってトラックで運ばれているのではないかな」「飛行機で大阪まで運ばれて，空港からはトラックで運ばれるのではないかな」と意見を出し合った。

また，「地図帳を見ると，日本海上に舞鶴（21時間）小樽とかいてあるよ」「これは，船の通り道ではないかな」といったように，地図帳からの情報（事

実）を丹念に読み取ったり，既有の知識を使ったりして，新たにであう社会的事象の意味を自分なりに解釈しようとしていた。

4. 子どもたちの問題意識が高まったところで，「ジャガイモは船で舞鶴港にある京都舞鶴港に荷揚げされること」「京都舞鶴港からトラックで南丹市の工場に送られること」「京都舞鶴港は外国ともつながっていること」などの事実を関連づけることで，学習問題「京都舞鶴港は，日本の各地域や外国とどのようにつながっているのだろう」ということを学級全体で見出すことができるようにした。

これは学習問題を見出す過程の一例であるが，学習問題を子どもたちのものにしていくには，まず，「おもしろそうだ」「考えてみよう」という事実とであわせ，子どもたちを社会的事象にひきつけていく構想が必要である。次に，子どもたちの「なぜだろう」「どのようになっているのだろう」といった素朴な疑問を大切にしながら，既有の知識だけでは解決できないという状況を経験させ，問題意識を学級全体のものにしていく構想が必要である。

（2）学習問題の質が，子どもの学びを左右する

筆者が校内で社会科の授業を公開した際，社会科の実践を数多く積んでおられる先生から，次のような問いかけがあった。それは「『学習問題』の質が，授業の内容や子どもたちの学びの質を大きく左右しますよ。教材研究をしているとき，本時だけではなく，単元を通して『学習問題』を意識していましたか」である。なぜなら，単元を通して，また，1時間単位の授業において，教師が子どもたちに何を問うかによって，子どもたちの思考が大きく変わってくるからである。さらに，「実際に，どのような『学習問題』が子どもたちの思考を引き出すことにつながるのかを想定して，今後の授業に取り組んでいくとよいですよ」と助言をもらったことも記憶している。

これらの問いかけと助言は，「学習問題の質が，子どもたちの学びを左右すること」を意識して教材研究に臨むきっかけとなった。そこで筆者は，「〜は何だろう」「どのように〜」「どうすれば〜」などに留意しながら学習問題をつ

くるようにした。また，社会科だけではなく，他教科の授業においても同様に
取り組むと，子どもたちも「〜は何だろう」「どのように〜」「どうすれば〜」
などを意識するようになり，次第に，子どもたち自らが個々の問題意識を集約
して学級全体の学習問題をつくる様子も見られるようになった。

　では，社会科の授業において考えられる学習問題にはどのようなものがある
のだろうか。以下は，学習問題を分類・整理したものである。

〈何・どんな〉
⇒物事の本質を問う，物事をはっきりさせる
　・豊臣秀吉が検地や刀狩を行ったねらいは何だろう。
　・日本風の文化には，どんなものがあるのだろう。
〈どのように・どのような〉
⇒様子，経過や過程を問う
　・京都市の○○○工場でつくられた◇◇◇は，全国各地にどのようにして運ば
　　れるのだろう。
　・□□府はどのような地形だろう。
〈どうすればよいか・いかにして〉
⇒対策，方策，あり方を問う
　・どうすれば，情報を産業に有効活用することができるだろう。
　・今後も生活に欠かすことのできない飲料水を確保していくためには，どうす
　　ればよいだろう。

　学習問題はここに例示したものだけではなく，数多くある。問題解決的な学
習の展開を目指して，また，子どもたちの主体的・対話的で深い学びが実現す
るよう，学習問題の質を意識しながら教材研究に取り組んでいかなくてはなら
ない。

　4　　学習素材を教材にするポイント

（1）地域にある素材を教材化すること

　本章第2節で「子どもたちがであう社会的事象は，大人の社会のものごとや

出来事で，子どもたちにとっては身近ではない場合が多い。ここでは，子どもたちに生活に身近な事象を具体的な資料で提示することが望ましい」と述べた。また，「新学習指導要領解説社会編」第４章「２　内容の取扱いについての配慮事項」には，「地域にある素材を教材化すること，地域に学習活動の場を設けること」等が示されている。

　とくに，中学年の社会科では，子どもたちの身近な地域や市区町村，都道府県を事例（地）として学習するため，教科書の活用だけでは不十分である。そのため，地域の社会的事象を取り上げる副読本が作成されている。子どもたちにとってより身近な素材を集め，教材化することが大切である。たとえば，京都には素材が数多くある。地域の伝統や文化の保存や継承に関しては「京都三大祭」をはじめ，数多くの「祭」がある。世界文化遺産に関しては第６学年の教科書にも掲載されている「金閣（鹿苑寺）」「銀閣（慈照寺）」をはじめ，全部で17社寺・城がある。社会科の目標を達成することを前提に，「何を（地域にある素材）」「どこで（学年）」「どのように（指導方法）」実践するのか，構想を練ることが教材研究として大切である。

（２）地域にある素材を教材化するときの留意点

　地域にある素材を教材化することは，たとえば「教材化した授業が学校の財産になり，毎年，継続して実践されている」といったように，学校だけではなく，地域の財産にもなる可能性がある。これは教材研究の醍醐味だといえる。

　しかし，地域にある素材なら何でも教材化できるというやさしいものではない。「新学習指導要領解説社会編」で取り扱う目標・内容に沿っている必要がある。そして，問題解決的な学習を展開するために，子どもたちが実際に観察・見学・調査できるかどうかも大切である。このような条件を満たし，地域にある素材を教材化するために，教師自身が観察や見学，聞き取り調査などをしていくと，授業で扱いたい内容が膨大になり，子どもたちにあれもこれも教えたくなる場合がある。単元には決まった指導時間があることはもちろんのこと，教師による知識伝達型の授業になっては，地域にある素材を教材化した本

来の強みが失われる。地域にある素材を扱う単元の目標・内容に合わせて，必要な学習内容や学習活動を精選することが必要である。大切なことは地域にある素材に関する子どもたちの知識が豊富になることではない。「地域にある素材に対する子どもたちの問題意識を高めること」「子どもたちが進んで地域のことを調べたり，地域に対する誇りと愛情を深めたりすること」が大切である。

引用・参考文献

安野功（2005）『社会科授業が対話型になっていますか』明治図書。

京都市小学校社会科教育研究会（2014）『京都大会 研究紀要』。

澤井陽介（2013）『小学校社会 授業を変える5つのフォーカス──「よりよい社会の形成に参画する資質や能力の基礎」を培うために』図書文化社。

澤井陽介・中田正弘（2014）『ステップ解説 社会科授業のつくり方』東洋館出版社。

文部科学省（2017）「小学校学習指導要領解説社会編」。

（学習の課題）

児童が興味・関心をもって学習に取り組めるよう，大学周辺の地域の実態を生かして第3学年の内容である「生産の仕事」あるいは「販売の仕事」の授業を構想してみよう。

【さらに学びたい人のための図書】

小原友行編著（2009）『「思考力・判断力・表現力」をつける社会科授業デザイン 小学校編』明治図書。

　⇨小学校社会科で「思考力・判断力・表現力」を育てるには，どのような授業づくりが必要なのか，具体的な授業プランを入れて解説されている。

安野功（2010）『安野功の授業実践ナビ 社会』文溪堂。

　⇨社会科の授業を実践していくのは難しいという事実がある。教師のやる気と工夫で社会科好きの子どもが増やせるヒントが掲載されている。

（今井大介）

第13章　社会科授業の基本技術

この章で学ぶこと

社会科授業ならではの学習に「問題解決的な学習」がある。この学習は子どもたちの主体的な学習を促し，よりよい社会の形成に参画する資質や能力の基礎を養うとされている。この章では，「問題解決的な学習」に主眼を置いて社会科授業の基本技術を論じる。はじめに，子どもに確かな知識・技能を習得させる観点から，教科書や資料の扱い方，調べ方，まとめ方といった基本技術を述べる。次に，社会的事象から問いを引き出し，その意味を考えさせる観点から，発問の基本技術を述べていく。最後に，学びの道筋を視覚的に捉えさせる観点から，構造的な板書技術について紹介する。

1　子どもに確かな知識・技能を身に付けさせる基本技術

（1）教科書の使い方

「3年生は地域学習だから教科書が使えない」という声を耳にする。これは大きなまちがいで，教科書が，学習内容のほかに学び方を学ぶ大切な役割がある。教科書には，学習のねらい，学習問題，調べ方，まとめ方，伝え方など「問題解決的な学習」の一例が載っている。地域教材を学習する際には，教科書の内容・方法を参考に問題解決のプロセスを学ばせることが大切である。そして「自分の地域ではどうか」と置き換えて地域学習をスタートさせたい。子どもたちに単元全体を俯瞰させ見通しをもたせることにもなる。

一方，日本の地理と歴史を学習する5，6年生の教科書はどのように使えばよいのか。3，4年生の教科書同様に学び方を学ぶことはもちろんであるが，それ以上に知識を得る割合が多くなる。5，6年生の教科書を音読することで

187

知識をしっかりと身に付けさせたい。しかし，これで終わっては知識注入型の授業に陥り社会科嫌いになってしまう。そこで，教科書の教材研究が必要となる。ポイントは「認識のズレ」を起こす社会的事象が隠れていないか読み取ることである。「認識のズレ」は，子どもから「問い」を引き出し多面的な見方や考え方を身に付ける授業展開の柱となる。教科書を教える社会科授業であってはならない。教科書で「問題解決的な学習」をするのである。有田和正氏は教科書の利用を次のように述べている。

　　教科書を教師が読み，自分で興味や関心をもち，問題を感じるところを中心に指導していけば，教科書でも問題解決学習ができるのである。
　　　しかし，教科書は，元来生きて動いている社会を追究するための手助けをするもので，教科書を学習することがその目的ではないことを考えておきたい（有田，1982，65頁）。

　教科書から「認識のズレ」をみつけ出す例を紹介する。
　水産業の学習で，ある教科書にはカツオの「一本釣り漁」と「まき網漁」が載っている。この2つの漁の仕方や漁獲量の違いを調べると「問題解決的な学習」の授業構想がみえてくる。問いは「カツオ漁に2つの方法があるのはなぜか？」である。人力でカツオを一尾ずつ苦労して釣り上げる「一本釣り漁」は漁獲量が絶対的に少ない。一方，機械で行う「まき網漁」は大量の漁獲量がある。問題を追究していくと，一本釣りされたカツオは刺身に，まき網漁のカツオは鰹節や缶詰など，加工の仕方にちがいがあることがわかる。

（2）資料の見方

　社会科授業にとって資料の活用は欠かせない。資料は，文献，写真，絵，図，グラフと様々である。資料の活用の仕方には，教師が主体的に提示する場合と子ども自らが探し出す場合がある。教師が提示する場合は，その資料から「問い」を引き出したり，社会的意味を考えさせたりといった意図がある。子ども

第13章　社会科授業の基本技術

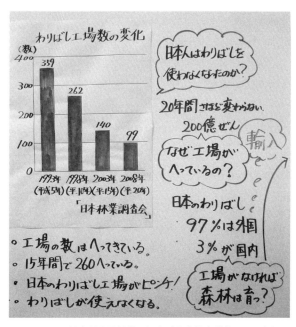

図 13-1　社会科公開授業の板書（立命館小学校，2014年）

が自ら探し出す資料には，「あれ？」「どうしてだろう？」といった追究意欲の高まりから問題解決に迫る活用の仕方がみられる。いずれにしても，子どもに資料を的確に読み取らせるためには以下の指導が大切である。

①何という資料か
②わかることは何か
③そこから考えられることは何か

グラフ資料の読み取りについて板書記録（図13-1）をもとに紹介する。

T　グラフの表題は何ですか。また，出典はどこですか。
C　表題は「わりばし工場数の変化」で「日本林業調査会」調べです。
T　縦軸と横軸は何を表していますか。
C　縦軸はわりばしの工場数，横軸は年です。
T　全体を見るとどのように変化していますか。

189

C　わりばしの工場数は年々減ってきています。

C　15年間で260も減っています。①

T　わりばし工場数の減少から考えられることは何ですか。②

C　わりばし工場がなくなってしまうのではないか。

C　わりばしが使えなくなってしまうのではないか。

　グラフの読み取りでは，全体の傾向や変化が激しいところを問うことで，社会的事象の意味を考える授業展開ができる。下線部①のように具体的な数値をあげて変化を客観視させることが大切である。さらに，今後の変化の様子を考えさせる下線部②の発問は，思考・判断を鍛えるのに効果がある。

（3）調べ方

　「問題解決的な学習」で追究意欲が高まると追究活動へと進む。その中心が調べ学習である。子どもに調べる技能を身に付けさせ自主的に調べる態度を養うことが大切である。調べる技能について，有田氏は，次のように述べている。

　　広義の「調べる」技能は，たずねる，見にいく，資料で調べる（国語辞典を含む）の三つが基礎・基本である（有田，1996，132頁）。

　有田氏が提唱する調べる技能の詳細については，著書を参考にされたい。

　現在では，情報ネットワークがかなりのスピードで教育現場や各家庭に整備されてきた。調べたいことをインターネットで検索すれば瞬時に数多くの情報が入手できる。そこで，子どもたちにはコンピュータ・リテラシーをしっかりと学ばせ，情報の取得方法や情報を取捨選択する技能を身に付けさせる指導が必要である。

　本項では，有田氏のいう「調べる」技能のたずねる，見にいく，をあわせもつ調査活動の基本技術を「学校のまわりのようす」の実践を例に示す（図13-2）。

　調査の事前指導では次の①～③を明確にする。

第13章　社会科授業の基本技術

図 13 - 2　事前指導に用いた投影資料

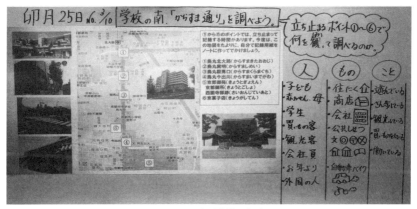

図 13 - 3　事前指導の板書

① ねらいは何か

　学校ちかくの「からすま通り」に人が多いわけを調べる。

② 調査対象と範囲はどこか

　「からすま通り」の北大路から今出川まで。

③ 何を調査するか

　「人・もの・こと」の観点から調査ポイントを決めて調べる（図13 - 3）。

・どんな建物があるか　　・どんな人がいるか　　・何をしているか

④　何に記録するか

　通りや河川の名称などは書き込み用の枠をつくっておく。調査で気づいたことや思ったことは吹き出しにして記録させる。記録用紙は，慣れてくれば自分なりのものをつくらせたい（図13-4）。

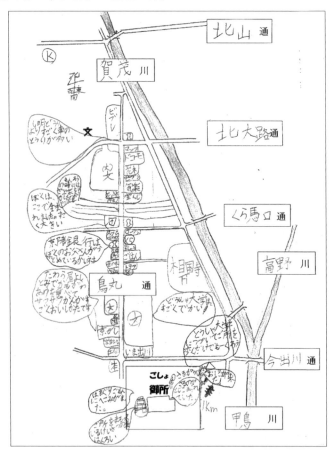

図13-4　「からすま通り」の記録用紙

（4）まとめの表現活動

「問題解決的な学習」のまとめで行われる表現活動には，新聞やポスター，報告書といった紙媒体の作成物，また，ペープサートや人形，面などを活用した劇化など様々な手法がとられる。最近では ICT 機器を活用しプレゼンテーションにまとめる手法も行われている。いずれにしても，まとめの表現活動には以下の視点を踏まえるようにしたい。

- 問題は何か
- 問題解決の道筋はどうだったか
- 解決の結果，わかったことは何か，わからないことは何か
- 問題解決を通して考えたことは何か

本項では，新聞社が定石としているレイアウトに基づいた実践例を紹介する（図 13 - 5，図 13 - 6）。

① レイアウトのきまりを知る

紙面の構成を考えることをレイアウト（わりつけ）という。日本の新聞編集の歴史の中で生み出され定着している紙面レイアウトの定石である。

- 題字を考える
- トップ記事，2番目，3番目の記事を階段状に配置する
- 「ハコもの」といわれるタタミ記事，カコミ記事は紙面の死角といわれる左上と右下に配置する
- 文の流し方は右から左へ，上から下が鉄則である

② 読ませる文字の大きさや形の技能を身に付ける

新聞用紙（B4）の裏面には 5 mm 方眼を印刷する。表面に方眼が透けるため大きさや形が整った字が書ける。題字や見出しに色鉛筆は用いない。鉛筆のみで目立つ大きさや字形を考える。

③ 記事の内容

事実を正確に，伝えたいことを短く書く。5 W 1 H（いつ，どこで，だれが，なにを，なぜ，どのように）を意識して書く。

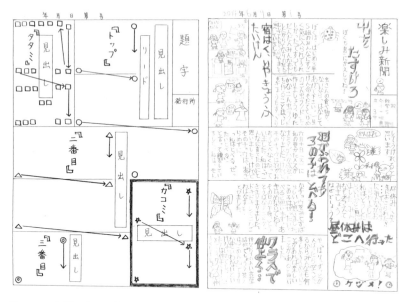

図13-5 新聞の定石を表すレイアウト用紙　　図13-6 手本となる学級新聞

2 問いを引き出し，多面的な見方や考え方を可能にする発問の基本技術

(1) 発問とは

　教師の主体的なはたらきかけには，資料提示，発問，質問，指示，助言など様々である。その中でも発問は，教材から問いを引き出したり，見方や考え方を広めたり深めたりする重要な役割を果たす。
　有田氏は発問の目的を以下のように述べている。

　　①子どもたちから，何らかの情報を入手しようとする意図をもっている。
　　②子どもたちと，教材と新鮮な出会いをさせて，問題を確かにもたせ，追究のしかたを意識させ，追究的にすることをめざしている。
　　③子どもたちが，自らの力で教材にたちむかって，問題解決を進めていく

ことをめざしている (有田, 1988, 14頁)。

授業展開の段階によって発問の質は次のように変化すると考える。
①導入段階：問いを引き出す発問。子どもの思考は拡散することが多い。
②展開段階：多面的な見方や考え方を引き出す発問。子どもの思考は拡散と収束を繰り返すことが多い。
③終末段階：主に思考を収束させる発問。ただし，終末では学びの連続性を保障するため思考を拡散させる発問をする場合もある。

このように発問は，教材と子どもをつなぎ，問いを引き出したり思考を拡散させたり収束させたりする役割がある。以下の項では発問の質を5つの視点から整理した。

（2）発問の質
① 問いを引き出す発問

問いを引き出す発問は，授業の導入段階で用いられることが多い。そのため資料に「認識のズレ」を意図的に組み込むことが大切である。

森林の環境学習で，グラフ資料をもとに問いを引き出す実践例を紹介する。

授業の初めに表題と単位を抜いたグラフを提示する（図13-7）。

「何のグラフでしょうか？」と発問する。グラフの読み取りの基本を押さえていれば，出典の「京北農林業センター」に気づき，森林に関係したグラフではないかといった予想がつく。子どもたちからは「木材の出荷量の変化」や「森林の面積の変化」といった表題の予想が次々に出される。そこで，単位の「頭」を書き込む。

「えっ，動物の数？」と予想外の単位に驚く。次に，表題「京北地区

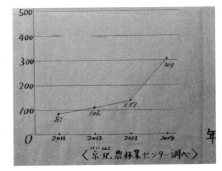

図13-7　表題と単位を抜いたグラフ

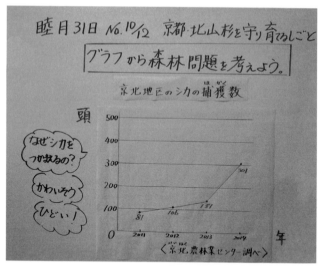

図13-8 表題と単位を提示した後の板書

のシカの捕獲数」を明かす（図13-8）。予想との大きなズレから「なぜ、シカをつかまえなければならないのか？」という森林問題に迫る問いが生まれる。提示する教材に「認識のズレ」の生じることが入っていると「何でしょう？」というシンプルな発問で十分に問いを引き出すことができる。

② 見方や考え方をゆさぶる発問

　子どもの「知っている」という既知を「わからない」という未知に変える発問が、ゆさぶる発問である。授業内容を深める段階に用いられることが多い。子どもたちがあたりまえだと認識していたことが「あれ？　おかしいぞ」「どうなっているんだ」となり、さらなる追究活動が始まる。

　ゆさぶる発問の実践例を「わたしたちの生活と森林」（図13-9）で示す。

　「森林保護のため、お弁当にはマイはしではなく割りばしをもってきましょう！」という教師の発問に子どもたちが次々と反論をしてくる。

　「なぜ、先生は割りばしを使うんですか？」「エコじゃないと思います」と。

　そこで、あるスーパーマーケットの割りばしを提示する。割りばしの袋には「森林保護育成のため、国産ヒノキ間伐材を使用しております」と書いてある。

第13章　社会科授業の基本技術

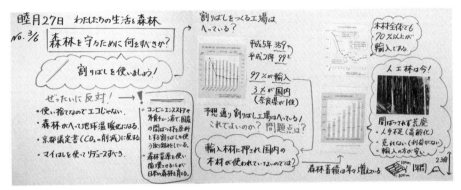

図13-9　ゆさぶる発問により深まる思考

　子どもたちの「森林保護のため木を切ってはいけない」という固定観念を一気にゆさぶるものを出すことで，「なぜ，森林保護のために国産ヒノキ間伐材を使うのか？」という新たな問いが生まれる。このように，ゆさぶる発問は，子どもの既知を未知に転換し思考をさらに深めていく役割を果たす。

③　見方や考え方を広げ深める発問

　子どもの多様な見方や考え方を引き出す発問である。授業展開の導入や終末段階で用いることが多い。以下，2つの例を示す。

　歴史学習で弥生時代の導入段階にて銅鐸の写真を提示する。
「これは何に使う道具ですか？」と問えば「鐘」「食器」といった様々な見方を引き出せる。次に，発見されている銅鐸の大きさが12cmから1mを超すものまである事実を伝え，「なぜ，大きさがまちまちなのか？」と問う。このことで考え方が深まっていく。

　ごみの学習でグラフをもとに未来のごみ推移を予想させる「ごみの量は今後どうなると予想されますか。それはなぜですか？」という発問をする（図13-10）。

　「増える」「かわらない」「減る」という3つの見方をもとに，その根拠を明らかにして交流させる。根拠には学習成果が表出され社会認識を深めていくことになる。

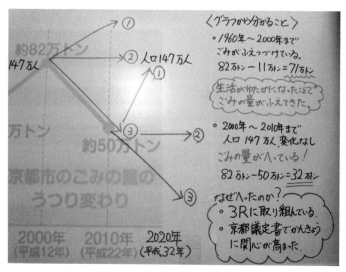

図13-10　グラフの変化をもとに未来を予測

④　選択肢で全員参加を促す発問

　選択肢の発問は，授業の導入段階で用いられることが多い。AかBかを選ぶことで授業への全員参加を促し，楽しい雰囲気づくりをする。ただし，選んだ根拠を明らかにさせることが大切である。初めの根拠は見た目や肌触りなどの感覚的なものでよい。授業が展開するにしたがい選択する観点を数値や製造過程といった科学的な根拠へと変えていくことが大切である。

　たとえば，地域学習「北山丸太をつくるしごと」で選択肢を用いた発問の授業場面を紹介する（図13-11）。授業の導入段階で，2本の北山丸太（表面がつるつるの磨き丸太，しわのある天然丸太）を提示し，「AとBでは，どちらの丸太が高いでしょうか？」と問う。

　子どもたちが初めに選択する観点は，見た目や肌触りといった感覚的なものである。この後，それぞれの製造過程や生産数を調べていく。すると天然丸太は希少で高価なことに気づく。さらにスーパーの魚売り場でも天然ものは養殖ものよりも高いといった他の事象に転換して考える子どもも現れる。

第13章　社会科授業の基本技術

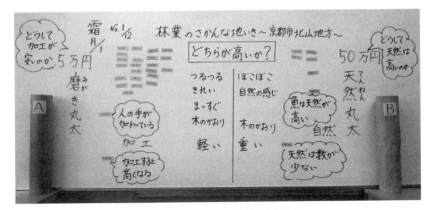

図 13-11　ＡかＢかで全員が意思決定

⑤　理解を深める発問

授業の終末に発せられることが多い。拡散した見方や考え方を収束に向かわせ，子ども一人ひとりの思考を深めることをねらいとする発問である。

歴史学習「鎌倉幕府のしくみ」の終末段階で，深める発問を紹介する（図13-12）。源頼朝が鎌倉に幕府を開き，中央に政所，問注所，侍所の役所。地方に守護，地頭，奉行などの役所を設けたことを教科書や資料集で調べる。そして授業の終末で「いちばん最後にできた役所はどれですか？」と問うのである。

「えっ？」という声が上がる。ほとんどの子どもたちは鎌倉幕府の役所が同年につくられたものと思い込んでいる。そこで，それぞれの役所の役割を見直す。すると，いちばん最後の役所は，義経が奥州藤原氏を頼って逃れたときに設けられた「奥州総奉行」であることがわかる。鎌倉幕府の仕組みは，頼朝挙兵から義経自害までの時代の流れで整えられていったことに認識が深まっていく。

199

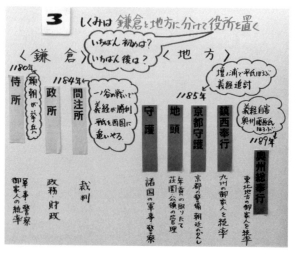

図 13-12　理解を深めた板書

3　構造的な授業展開を表す板書の基本技術

（1）板書とは

　板書は，教師と子どもを目に見える形でつなぐ媒体である。板書には，教師の授業構想が子どもたちにわかりやすく提示される。子どもは板書から自分の見方や考え方を広めたり深めたり，まとめたりする。板書は，ねらいが何で，どのような学びの道筋でまとめに至ったのかがわかるものでなくてはならない。

（2）板書の基本技術（図 13-13）

① 　1 時間に 1 枚

「問題解決的な学習」の流れにそって，「問題の設定」「問題の追究」「まとめ」という 3 部構成で 1 枚の板書にまとめる。

② 　板書ヘッダ

　本時の授業の位置を表す「日付」「単元名」「時数」を毎時間欠かさず書く。

第13章　社会科授業の基本技術

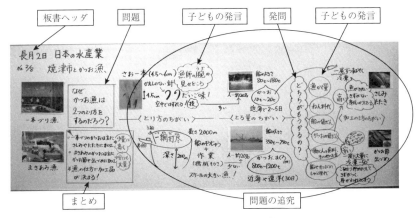

図 13 - 13　基本的な板書構成

③　漢字表記用語と色の使い分け

　社会科ならではの用語や人物名，地名は漢字で板書する。読みにくいものにはルビをふる。社会科用語の漢字には意味があるからだ。また，「問題」「考えたこと」「大切なこと」などを色で分けると見やすくなる。授業開きに色の使い方とその意味を子どもと確認するとよい。その一例を示す。

　〈黒板の場合〉基本色…白　吹き出し，矢印…赤　重要事項，まとめ…黄
　〈白板の場合〉基本色…黒　吹き出し，矢印…青　重要語句，まとめ…赤

④　資料の配置

　写真や絵図などを板書に位置づけると学びの道筋がより明確になったり振り返りに役立ったりする。写真や絵図を授業のどの場面で提示し，どこに位置づけるのかを板書構想でしっかりと練っておく必要がある。

⑤　吹き出しや矢印の活用

　吹き出しには，子どもが写真や絵図，グラフなどから見えたことや考えたことを短くまとめて書くようにする。また，矢印は学びの方向性や関係性を表すときに用いると効果的である。吹き出しと矢印を用いることで，子どもの学びの道筋が明確な板書構成となる。

⑥ まとめてから大切な用語を消す

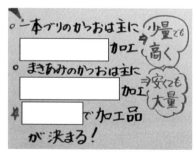
図13-14 まとめを消して定着を図る

確かな知識の定着を図るため，まとめは声に出して読む。次に大切な用語を消して読む（図13-14）。有田氏は「板書をただ消してしまうのはもったいないじゃないか」と公開授業後の研究会でよく述べていた。

引用・参考文献
有田和正（1982）『子どもの生きる社会科授業の創造』明治図書。
有田和正（1988）『社会科発問の定石化』明治図書。
有田和正（1996）『学習技能を鍛える授業』明治図書。

学習の課題

(1) 5つに分類した発問を授業案のどこの段階に位置づけるかを検討し，模擬授業にて思考の拡散と収束を確かめてみよう。
(2) 授業案を立ててから板書構想をつくる方法と板書構想をしてから授業案を立ててみる方法の2つを試みて，どちらの授業案作成が子どもの学びに即しているかを話し合ってみよう。

【さらに学びたい人のための図書】
有田和正（1997）『社会科授業づくりの技術』教育出版。
　⇨社会科授業の基本技術の中核的な「発問」について，その定石化を説いた著書である。「バスのうんてんしゅ」「ポストづくり」などの有名な実践からは学ぶべき技術が多い。
有田和正（2009）『教え上手』サンマーク出版。
　⇨授業技術とは，技術以外に「人間性」が大きく関わる。有田氏の教育理念や技術を余すことなく形式知に表した著書である。

（柳沼孝一）

小学校学習指導要領
第2章　第2節　社会

第1　目　標

　社会的な見方・考え方を働かせ，課題を追究したり解決したりする活動を通して，グローバル化する国際社会に主体的に生きる平和で民主的な国家及び社会の形成者に必要な公民としての資質・能力の基礎を次のとおり育成することを目指す。

(1)　地域や我が国の国土の地理的環境，現代社会の仕組みや働き，地域や我が国の歴史や伝統と文化を通して社会生活について理解するとともに，様々な資料や調査活動を通して情報を適切に調べまとめる技能を身に付けるようにする。

(2)　社会的事象の特色や相互の関連，意味を多角的に考えたり，社会に見られる課題を把握して，その解決に向けて社会への関わり方を選択・判断したりする力，考えたことや選択・判断したことを適切に表現する力を養う。

(3)　社会的事象について，よりよい社会を考え主体的に問題解決しようとする態度を養うとともに，多角的な思考や理解を通して，地域社会に対する誇りと愛情，地域社会の一員としての自覚，我が国の国土と歴史に対する愛情，我が国の将来を担う国民としての自覚，世界の国々の人々と共に生きていくことの大切さについての自覚などを養う。

第2　各学年の目標及び内容

〔第3学年〕

1　目　標

　社会的事象の見方・考え方を働かせ，学習の問題を追究・解決する活動を通して，次のとおり資質・能力を育成することを目指す。

(1)　身近な地域や市区町村の地理的環境，地域の安全を守るための諸活動や地域の産業と消費生活の様子，地域の様子の移り変わりについて，人々の生活との関連を踏まえて理解するとともに，調査活動，地図帳や各種の具体的資料を通して，必要な情報を調べまとめる技能を身に付けるようにする。

(2)　社会的事象の特色や相互の関連，意味を考える力，社会に見られる課題を把握して，その

解決に向けて社会への関わり方を選択・判断する力，考えたことや選択・判断したことを表現する力を養う。

(3)　社会的事象について，主体的に学習の問題を解決しようとする態度や，よりよい社会を考え学習したことを社会生活に生かそうとする態度を養うとともに，思考や理解を通して，地域社会に対する誇りと愛情，地域社会の一員としての自覚を養う。

2　内　容

(1)　身近な地域や市区町村（以下第2章第2節において「市」という。）の様子について，学習の問題を追究・解決する活動を通して，次の事項を身に付けることができるよう指導する。

ア　次のような知識及び技能を身に付けること。

　(ｱ)　身近な地域や自分たちの市の様子を大まかに理解すること。

　(ｲ)　観察・調査したり地図などの資料で調べたりして，白地図などにまとめること。

イ　次のような思考力，判断力，表現力等を身に付けること。

　(ｱ)　都道府県内における市の位置，市の地形や土地利用，交通の広がり，市役所など主な公共施設の場所と働き，古くから残る建造物の分布などに着目して，身近な地域や市の様子を捉え，場所による違いを考え，表現すること。

(2)　地域に見られる生産や販売の仕事について，学習の問題を追究・解決する活動を通して，次の事項を身に付けることができるよう指導する。

ア　次のような知識及び技能を身に付けること。

　(ｱ)　生産の仕事は，地域の人々の生活と密接な関わりをもって行われていることを理解すること。

　(ｲ)　販売の仕事は，消費者の多様な願いを踏まえ売り上げを高めるよう，工夫して行われていることを理解すること。

　(ｳ)　見学・調査したり地図などの資料で調べたりして，白地図などにまとめること。

イ　次のような思考力，判断力，表現力等を身に付けること。

　(ｱ)　仕事の種類や産地の分布，仕事の工程などに着目して，生産に携わっている人々の

203

仕事の様子を捉え，地域の人々の生活との関連を考え，表現すること。

(イ) 消費者の願い，販売の仕方，他地域や外国との関わりなどに着目して，販売に携わっている人々の仕事の様子を捉え，それらの仕事に見られる工夫を考え，表現すること。

(3) 地域の安全を守る働きについて，学習の問題を追究・解決する活動を通して，次の事項を身に付けることができるよう指導する。

ア 次のような知識及び技能を身に付けること。

(ア) 消防署や警察署などの関係機関は，地域の安全を守るために，相互に連携して緊急時に対処する体制をとっていることや，関係機関が地域の人々と協力して火災や事故などの防止に努めていることを理解すること。

(イ) 見学・調査したり地図などの資料で調べたりして，まとめること。

イ 次のような思考力，判断力，表現力等を身に付けること。

(ア) 施設・設備などの配置，緊急時への備えや対応などに着目して，関係機関や地域の人々の諸活動を捉え，相互の関連や従事する人々の働きを考え，表現すること。

(4) 市の様子の移り変わりについて，学習の問題を追究・解決する活動を通して，次の事項を身に付けることができるよう指導する。

ア 次のような知識及び技能を身に付けること。

(ア) 市や人々の生活の様子は，時間の経過に伴い，移り変わってきたことを理解すること。

(イ) 聞き取り調査をしたり地図などの資料で調べたりして，年表などにまとめること。

イ 次のような思考力，判断力，表現力等を身に付けること。

(ア) 交通や公共施設，土地利用や人口，生活の道具などの時期による違いに着目して，市や人々の生活の様子を捉え，それらの変化を考え，表現すること。

3 内容の取扱い

(1) 内容の(1)については，次のとおり取り扱うものとする。

ア 学年の導入で扱うこととし，アの(ア)については，「自分たちの市」に重点を置くよう配慮すること。

イ アの(イ)については，「白地図などにまとめる」際に，教科用図書「地図」（以下第2章第2節において「地図帳」という。）を参照し，方位や主な地図記号について扱うこと。

(2) 内容の(2)については，次のとおり取り扱うものとする。

ア アの(ア)及びイの(ア)については，事例として農家，工場などの中から選択して取り上げるようにすること。

イ アの(イ)及びイの(イ)については，商店を取り上げ，「他地域や外国との関わり」を扱う際には，地図帳などを使用して都道府県や国の名称と位置などを調べるようにすること。

ウ イの(イ)については，我が国や外国には国旗があることを理解し，それを尊重する態度を養うよう配慮すること。

(3) 内容の(3)については，次のとおり取り扱うものとする。

ア アの(ア)の「緊急時に対処する体制をとっていること」と「防止に努めていること」については，火災と事故はいずれも取り上げること。その際，どちらかに重点を置くなど効果的な指導を工夫をすること。

イ イの(ア)については，社会生活を営む上で大切な法やきまりについて扱うとともに，地域や自分自身の安全を守るために自分たちにできることなどを考えたり選択・判断したりできるよう配慮すること。

(4) 内容の(4)については，次のとおり取り扱うものとする。

ア アの(イ)の「年表などにまとめる」際には，時期の区分について，昭和，平成など元号を用いた言い表し方などがあることを取り上げること。

イ イの(ア)の「公共施設」については，市が公共施設の整備を進めてきたことを取り上げること。その際，租税の役割に触れること。

ウ イの(ア)の「人口」を取り上げる際には，少子高齢化，国際化などに触れ，これからの市の発展について考えることができるよう配慮

資　料

すること。
〔第4学年〕
1　目　標
　社会的事象の見方・考え方を働かせ，学習の
問題を追究・解決する活動を通して，次のとお
り資質・能力を育成することを目指す。
(1)　自分たちの都道府県の地理的環境の特色，
地域の人々の健康と生活環境を支える働きや自
然災害から地域の安全を守るための諸活動，地
域の伝統と文化や地域の発展に尽くした先人の
働きなどについて，人々の生活との関連を踏ま
えて理解するとともに，調査活動，地図帳や各
種の具体的資料を通して，必要な情報を調べま
とめる技能を身に付けるようにする。
(2)　社会的事象の特色や相互の関連，意味を考
える力，社会に見られる課題を把握して，その
解決に向けて社会への関わり方を選択・判断す
る力，考えたことや選択・判断したことを表現
する力を養う。
(3)　社会的事象について，主体的に学習の問題
を解決しようとする態度や，よりよい社会を考
え学習したことを社会生活に生かそうとする態
度を養うとともに，思考や理解を通して，地域
社会に対する誇りと愛情，地域社会の一員とし
ての自覚を養う。
2　内　容
(1)　都道府県（以下第2章第2節において
「県」という。）の様子について，学習の問題を
追究・解決する活動を通して，次の事項を身に
付けることができるよう指導する。
　ア　次のような知識及び技能を身に付けること。
　　(ｱ)　自分たちの県の地理的環境の概要を理解
　　　すること。また，47都道府県の名称と位置
　　　を理解すること。
　　(ｲ)　地図帳や各種の資料で調べ，白地図など
　　　にまとめること。
　イ　次のような思考力，判断力，表現力等を身
　　に付けること。
　　(ｱ)　我が国における自分たちの県の位置，県
　　　全体の地形や主な産業の分布，交通網や主
　　　な都市の位置などに着目して，県の様子を
　　　捉え，地理的環境の特色を考え，表現する
　　　こと。

(2)　人々の健康や生活環境を支える事業につい
て，学習の問題を追究・解決する活動を通して，
次の事項を身に付けることができるよう指導す
る。
　ア　次のような知識及び技能を身に付けること。
　　(ｱ)　飲料水，電気，ガスを供給する事業は，
　　　安全で安定的に供給できるよう進められて
　　　いることや，地域の人々の健康な生活の維
　　　持と向上に役立っていることを理解するこ
　　　と。
　　(ｲ)　廃棄物を処理する事業は，衛生的な処理
　　　や資源の有効利用ができるよう進められて
　　　いることや，生活環境の維持と向上に役
　　　立っていることを理解すること。
　　(ｳ)　見学・調査したり地図などの資料で調べ
　　　たりして，まとめること。
　イ　次のような思考力，判断力，表現力等を身
　　に付けること。
　　(ｱ)　供給の仕組みや経路，県内外の人々の協
　　　力などに着目して，飲料水，電気，ガスの
　　　供給のための事業の様子を捉え，それらの
　　　事業が果たす役割を考え，表現すること。
　　(ｲ)　処理の仕組みや再利用，県内外の人々の
　　　協力などに着目して，廃棄物の処理のため
　　　の事業の様子を捉え，その事業が果たす役
　　　割を考え，表現すること。
(3)　自然災害から人々を守る活動について，学
習の問題を追究・解決する活動を通して，次の
事項を身に付けることができるよう指導する。
　ア　次のような知識及び技能を身に付けること。
　　(ｱ)　地域の関係機関や人々は，自然災害に対
　　　し，様々な協力をして対処してきたことや，
　　　今後想定される災害に対し，様々な備えを
　　　していることを理解すること。
　　(ｲ)　聞き取り調査をしたり地図や年表などの
　　　資料で調べたりして，まとめること。
　イ　次のような思考力，判断力，表現力等を身
　　に付けること。
　　(ｱ)　過去に発生した地域の自然災害，関係機
　　　関の協力などに着目して，災害から人々を
　　　守る活動を捉え，その働きを考え，表現す
　　　ること。
(4)　県内の伝統や文化，先人の働きについて，

学習の問題を追究・解決する活動を通して，次の事項を身に付けることができるよう指導する。

ア　次のような知識及び技能を身に付けること。

　(ア)　県内の文化財や年中行事は，地域の人々が受け継いできたことや，それらには地域の発展など人々の様々な願いが込められていることを理解すること。

　(イ)　地域の発展に尽くした先人は，様々な苦心や努力により当時の生活の向上に貢献したことを理解すること。

　(ウ)　見学・調査したり地図などの資料で調べたりして，年表などにまとめること。

イ　次のような思考力，判断力，表現力等を身に付けること。

　(ア)　歴史的背景や現在に至る経過，保存や継承のための取組などに着目して，県内の文化財や年中行事の様子を捉え，人々の願いや努力を考え，表現すること。

　(イ)　当時の世の中の課題や人々の願いなどに着目して，地域の発展に尽くした先人の具体的事例を捉え，先人の働きを考え，表現すること。

(5)　県内の特色ある地域の様子について，学習の問題を追究・解決する活動を通して，次の事項を身に付けることができるよう指導する。

ア　次のような知識及び技能を身に付けること。

　(ア)　県内の特色ある地域では，人々が協力し，特色あるまちづくりや観光などの産業の発展に努めていることを理解すること。

　(イ)　地図帳や各種の資料で調べ，白地図などにまとめること。

イ　次のような思考力，判断力，表現力等を身に付けること。

　(ア)　特色ある地域の位置や自然環境，人々の活動や産業の歴史的背景，人々の協力関係などに着目して，地域の様子を捉え，それらの特色を考え，表現すること。

3　内容の取扱い

(1)　内容の(2)については，次のとおり取り扱うものとする。

ア　アの(ア)及びイの(イ)については，現在に至るまでに仕組みが計画的に改善され公衆衛生が向上してきたことに触れること。

イ　アの(ア)及びイの(ア)については，飲料水，電気，ガスの中から選択して取り上げること。

ウ　アの(イ)及びイの(イ)については，ごみ，下水のいずれかを選択して取り上げること。

エ　イの(ア)については，節水や節電など自分たちにできることを考えたり選択・判断したりできるよう配慮すること。

オ　イの(イ)については，社会生活を営む上で大切な法やきまりについて扱うとともに，ごみの減量や水を汚さない工夫など，自分たちにできることを考えたり選択・判断したりできるよう配慮すること。

(2)　内容の(3)については，次のとおり取り扱うものとする。

ア　アの(ア)については，地震災害，津波災害，風水害，火山災害，雪害などの中から，過去に県内で発生したものを選択して取り上げること。

イ　アの(ア)及びイの(ア)の「関係機関」については，県庁や市役所の働きなどを中心に取り上げ，防災情報の発信，避難体制の確保などの働き，自衛隊など国の機関との関わりを取り上げること。

ウ　イの(ア)については，地域で起こり得る災害を想定し，日頃から必要な備えをするなど，自分たちにできることなどを考えたり選択・判断したりできるよう配慮すること。

(3)　内容の(4)については，次のとおり取り扱うものとする。

ア　アの(ア)については，県内の主な文化財や年中行事が大まかに分かるようにするとともに，イの(ア)については，それらの中から具体的事例を取り上げること。

イ　アの(イ)及びイの(イ)については，開発，教育，医療，文化，産業などの地域の発展に尽くした先人の中から選択して取り上げること。

ウ　イの(ア)については，地域の伝統や文化の保存や継承に関わって，自分たちにできることなどを考えたり選択・判断したりできるよう配慮すること。

(4)　内容の(5)については，次のとおり取り扱うものとする。

ア　県内の特色ある地域が大まかに分かるよう

資　料

にするとともに，伝統的な技術を生かした地場産業が盛んな地域，国際交流に取り組んでいる地域及び地域の資源を保護・活用している地域を取り上げること。その際，地域の資源を保護・活用している地域については，自然環境，伝統的な文化のいずれかを選択して取り上げること。
イ　国際交流に取り組んでいる地域を取り上げる際には，我が国や外国には国旗があることを理解し，それを尊重する態度を養うよう配慮すること。
〔第5学年〕
1　目　標
　社会的事象の見方・考え方を働かせ，学習の問題を追究・解決する活動を通して，次のとおり資質・能力を育成することを目指す。
(1)　我が国の国土の地理的環境の特色や産業の現状，社会の情報化と産業の関わりについて，国民生活との関連を踏まえて理解するとともに，地図帳や地球儀，統計などの各種の基礎的資料を通して，情報を適切に調べまとめる技能を身に付けるようにする。
(2)　社会的事象の特色や相互の関連，意味を多角的に考える力，社会に見られる課題を把握して，その解決に向けて社会への関わり方を選択・判断する力，考えたことや選択・判断したことを説明したり，それらを基に議論したりする力を養う。
(3)　社会的事象について，主体的に学習の問題を解決しようとする態度や，よりよい社会を考え学習したことを社会生活に生かそうとする態度を養うとともに，多角的な思考や理解を通して，我が国の国土に対する愛情，我が国の産業の発展を願い我が国の将来を担う国民としての自覚を養う。
2　内　容
(1)　我が国の国土の様子と国民生活について，学習の問題を追究・解決する活動を通して，次の事項を身に付けることができるよう指導する。
ア　次のような知識及び技能を身に付けること。
　(ｱ)　世界における我が国の国土の位置，国土の構成，領土の範囲などを大まかに理解すること。

　(ｲ)　我が国の国土の地形や気候の概要を理解するとともに，人々は自然環境に適応して生活していることを理解すること。
　(ｳ)　地図帳や地球儀，各種の資料で調べ，まとめること。
イ　次のような思考力，判断力，表現力等を身に付けること。
　(ｱ)　世界の大陸と主な海洋，主な国の位置，海洋に囲まれ多数の島からなる国土の構成などに着目して，我が国の国土の様子を捉え，その特色を考え，表現すること。
　(ｲ)　地形や気候などに着目して，国土の自然などの様子や自然条件から見て特色ある地域の人々の生活を捉え，国土の自然環境の特色やそれらと国民生活との関連を考え，表現すること。
(2)　我が国の農業や水産業における食料生産について，学習の問題を追究・解決する活動を通して，次の事項を身に付けることができるよう指導する。
ア　次のような知識及び技能を身に付けること。
　(ｱ)　我が国の食料生産は，自然条件を生かして営まれていることや，国民の食料を確保する重要な役割を果たしていることを理解すること。
　(ｲ)　食料生産に関わる人々は，生産性や品質を高めるよう努力したり輸送方法や販売方法を工夫したりして，良質な食料を消費地に届けるなど，食料生産を支えていることを理解すること。
　(ｳ)　地図帳や地球儀，各種の資料で調べ，まとめること。
イ　次のような思考力，判断力，表現力等を身に付けること。
　(ｱ)　生産物の種類や分布，生産量の変化，輸入など外国との関わりなどに着目して，食料生産の概要を捉え，食料生産が国民生活に果たす役割を考え，表現すること。
　(ｲ)　生産の工程，人々の協力関係，技術の向上，輸送，価格や費用などに着目して，食料生産に関わる人々の工夫や努力を捉え，その働きを考え，表現すること。
(3)　我が国の工業生産について，学習の問題を

207

追究・解決する活動を通して，次の事項を身に
付けることができるよう指導する。

ア　次のような知識及び技能を身に付けること。
(ア)　我が国では様々な工業生産が行われていることや，国土には工業の盛んな地域が広がっていること及び工業製品は国民生活の向上に重要な役割を果たしていることを理解すること。
(イ)　工業生産に関わる人々は，消費者の需要や社会の変化に対応し，優れた製品を生産するよう様々な工夫や努力をして，工業生産を支えていることを理解すること。
(ウ)　貿易や運輸は，原材料の確保や製品の販売などにおいて，工業生産を支える重要な役割を果たしていることを理解すること。
(エ)　地図帳や地球儀，各種の資料で調べ，まとめること。

イ　次のような思考力，判断力，表現力等を身に付けること。
(ア)　工業の種類，工業の盛んな地域の分布，工業製品の改良などに着目して，工業生産の概要を捉え，工業生産が国民生活に果たす役割を考え，表現すること。
(イ)　製造の工程，工場相互の協力関係，優れた技術などに着目して，工業生産に関わる人々の工夫や努力を捉え，その働きを考え，表現すること。
(ウ)　交通網の広がり，外国との関わりなどに着目して，貿易や運輸の様子を捉え，それらの役割を考え，表現すること。

(4)　我が国の産業と情報との関わりについて，学習の問題を追究・解決する活動を通して，次の事項を身に付けることができるよう指導する。

ア　次のような知識及び技能を身に付けること。
(ア)　放送，新聞などの産業は，国民生活に大きな影響を及ぼしていることを理解すること。
(イ)　大量の情報や情報通信技術の活用は，様々な産業を発展させ，国民生活を向上させていることを理解すること。
(ウ)　聞き取り調査をしたり映像や新聞などの各種資料で調べたりして，まとめること。

イ　次のような思考力，判断力，表現力等を身

に付けること。
(ア)　情報を集め発信するまでの工夫や努力などに着目して，放送，新聞などの産業の様子を捉え，それらの産業が国民生活に果たす役割を考え，表現すること。
(イ)　情報の種類，情報の活用の仕方などに着目して，産業における情報活用の現状を捉え，情報を生かして発展する産業が国民生活に果たす役割を考え，表現すること。

(5)　我が国の国土の自然環境と国民生活との関連について，学習の問題を追究・解決する活動を通して，次の事項を身に付けることができるよう指導する。

ア　次のような知識及び技能を身に付けること。
(ア)　自然災害は国土の自然条件などと関連して発生していることや，自然災害から国土を保全し国民生活を守るために国や県などが様々な対策や事業を進めていることを理解すること。
(イ)　森林は，その育成や保護に従事している人々の様々な工夫と努力により国土の保全など重要な役割を果たしていることを理解すること。
(ウ)　関係機関や地域の人々の様々な努力により公害の防止や生活環境の改善が図られてきたことを理解するとともに，公害から国土の環境や国民の健康な生活を守ることの大切さを理解すること。
(エ)　地図帳や各種の資料で調べ，まとめること。

イ　次のような思考力，判断力，表現力等を身に付けること。
(ア)　災害の種類や発生の位置や時期，防災対策などに着目して，国土の自然災害の状況を捉え，自然条件との関連を考え，表現すること。
(イ)　森林資源の分布や働きなどに着目して，国土の環境を捉え，森林資源が果たす役割を考え，表現すること。
(ウ)　公害の発生時期や経過，人々の協力や努力などに着目して，公害防止の取組を捉え，その働きを考え，表現すること。

3　内容の取扱い

(1) 内容の(1)については，次のとおり取り扱うものとする。

ア アの(ア)の「領土の範囲」については，竹島や北方領土，尖閣諸島が我が国の固有の領土であることに触れること。

イ アの(ウ)については，地図帳や地球儀を用いて，方位，緯度や経度などによる位置の表し方について取り扱うこと。

ウ イの(ア)の「主な国」については，名称についても扱うようにし，近隣の諸国を含めて取り上げること。その際，我が国や諸外国には国旗があることを理解し，それを尊重する態度を養うよう配慮すること。

エ イの(イ)の「自然条件から見て特色ある地域」については，地形条件や気候条件から見て特色ある地域を取り上げること。

(2) 内容の(2)については，次のとおり取り扱うものとする。

ア アの(イ)及びイの(イ)については，食料生産の盛んな地域の具体的事例を通して調べることとし，稲作のほか，野菜，果物，畜産物，水産物などの中から一つを取り上げること。

イ イの(ア)及びイの(イ)については，消費者や生産者の立場などから多角的に考えて，これからの農業などの発展について，自分の考えをまとめることができるよう配慮すること。

(3) 内容の(3)については，次のとおり取り扱うものとする。

ア アの(イ)及びイの(イ)については，工業の盛んな地域の具体的事例を通して調べることとし，金属工業，機械工業，化学工業，食料品工業などの中から一つを取り上げること。

イ イの(ア)及びイの(イ)については，消費者や生産者の立場などから多角的に考えて，これからの工業の発展について，自分の考えをまとめることができるよう配慮すること。

(4) 内容の(4)については，次のとおり取り扱うものとする。

ア アの(ア)の「放送，新聞などの産業」については，それらの中から選択して取り上げること。その際，情報を有効に活用することについて，情報の送り手と受け手の立場から多角的に考え，受け手として正しく判断すること

や送り手として責任をもつことが大切であることに気付くようにすること。

イ アの(イ)及びイの(イ)については，情報や情報技術を活用して発展している販売，運輸，観光，医療，福祉などに関わる産業の中から選択して取り上げること。その際，産業と国民の立場から多角的に考えて，情報化の進展に伴う産業の発展や国民生活の向上について，自分の考えをまとめることができるよう配慮すること。

(5) 内容の(5)については，次のとおり取り扱うものとする。

ア アの(ア)については，地震災害，津波災害，風水害，火山災害，雪害などを取り上げること。

イ アの(ウ)及びイの(ウ)については，大気の汚染，水質の汚濁などの中から具体的事例を選択して取り上げること。

ウ イの(イ)及びイの(ウ)については，国土の環境保全について，自分たちにできることなどを考えたり選択・判断したりできるよう配慮すること。

〔第6学年〕

1 目 標

社会的事象の見方・考え方を働かせ，学習の問題を追究・解決する活動を通して，次のとおり資質・能力を育成することを目指す。

(1) 我が国の政治の考え方と仕組みや働き，国家及び社会の発展に大きな働きをした先人の業績や優れた文化遺産，我が国と関係の深い国の生活やグローバル化する国際社会における我が国の役割について理解するとともに，地図帳や地球儀，統計や年表などの各種の基礎的資料を通して，情報を適切に調べまとめる技能を身に付けるようにする。

(2) 社会的事象の特色や相互の関連，意味を多角的に考える力，社会に見られる課題を把握して，その解決に向けて社会への関わり方を選択・判断する力，考えたことや選択・判断したことを説明したり，それらを基に議論したりする力を養う。

(3) 社会的事象について，主体的に学習の問題を解決しようとする態度や，よりよい社会を考

え学習したことを社会生活に生かそうとする態度を養うとともに，多角的な思考や理解を通して，我が国の歴史や伝統を大切にして国を愛する心情，我が国の将来を担う国民としての自覚や平和を願う日本人として世界の国々の人々と共に生きることの大切さについての自覚を養う。

2　内　容

(1)　我が国の政治の働きについて，学習の問題を追究・解決する活動を通して，次の事項を身に付けることができるよう指導する。

ア　次のような知識及び技能を身に付けること。

　(ア)　日本国憲法は国家の理想，天皇の地位，国民としての権利及び義務など国家や国民生活の基本を定めていることや，現在の我が国の民主政治は日本国憲法の基本的な考え方に基づいていることを理解するとともに，立法，行政，司法の三権がそれぞれの役割を果たしていることを理解すること。

　(イ)　国や地方公共団体の政治は，国民主権の考え方の下，国民生活の安定と向上を図る大切な働きをしていることを理解すること。

　(ウ)　見学・調査したり各種の資料で調べたりして，まとめること。

イ　次のような思考力，判断力，表現力等を身に付けること。

　(ア)　日本国憲法の基本的な考え方に着目して，我が国の民主政治を捉え，日本国憲法が国民生活に果たす役割や，国会，内閣，裁判所と国民との関わりを考え，表現すること。

　(イ)　政策の内容や計画から実施までの過程，法令や予算との関わりなどに着目して，国や地方公共団体の政治の取組を捉え，国民生活における政治の働きを考え，表現すること。

(2)　我が国の歴史上の主な事象について，学習の問題を追究・解決する活動を通して，次の事項を身に付けることができるよう指導する。

ア　次のような知識及び技能を身に付けること。

　その際，我が国の歴史上の主な事象を手掛かりに，大まかな歴史を理解するとともに，関連する先人の業績，優れた文化遺産を理解すること。

　(ア)　狩猟・採集や農耕の生活，古墳，大和朝廷（大和政権）による統一の様子を手掛かりに，むらからくにへと変化したことを理解すること。その際，神話・伝承を手掛かりに，国の形成に関する考え方などに関心をもつこと。

　(イ)　大陸文化の摂取，大化の改新，大仏造営の様子を手掛かりに，天皇を中心とした政治が確立されたことを理解すること。

　(ウ)　貴族の生活や文化を手掛かりに，日本風の文化が生まれたことを理解すること。

　(エ)　源平の戦い，鎌倉幕府の始まり，元との戦いを手掛かりに，武士による政治が始まったことを理解すること。

　(オ)　京都の室町に幕府が置かれた頃の代表的な建造物や絵画を手掛かりに，今日の生活文化につながる室町文化が生まれたことを理解すること。

　(カ)　キリスト教の伝来，織田・豊臣の天下統一を手掛かりに，戦国の世が統一されたことを理解すること。

　(キ)　江戸幕府の始まり，参勤交代や鎖国などの幕府の政策，身分制を手掛かりに，武士による政治が安定したことを理解すること。

　(ク)　歌舞伎や浮世絵，国学や蘭学を手掛かりに，町人の文化が栄え新しい学問がおこったことを理解すること。

　(ケ)　黒船の来航，廃藩置県や四民平等などの改革，文明開化などを手掛かりに，我が国が明治維新を機に欧米の文化を取り入れつつ近代化を進めたことを理解すること。

　(コ)　大日本帝国憲法の発布，日清・日露の戦争，条約改正，科学の発展などを手掛かりに，我が国の国力が充実し国際的地位が向上したことを理解すること。

　(サ)　日中戦争や我が国に関わる第二次世界大戦，日本国憲法の制定，オリンピック・パラリンピックの開催などを手掛かりに，戦後我が国は民主的な国家として出発し，国民生活が向上し，国際社会の中で重要な役割を果たしてきたことを理解すること。

　(シ)　遺跡や文化財，地図や年表などの資料で調べ，まとめること。

イ　次のような思考力，判断力，表現力等を身

に付けること。

(ア) 世の中の様子，人物の働きや代表的な文化遺産などに着目して，我が国の歴史上の主な事象を捉え，我が国の歴史の展開を考えるとともに，歴史を学ぶ意味を考え，表現すること。

(3) グローバル化する世界と日本の役割について，学習の問題を追究・解決する活動を通して，次の事項を身に付けることができるよう指導する。

ア 次のような知識及び技能を身に付けること。

(ア) 我が国と経済や文化などの面でつながりが深い国の人々の生活は，多様であることを理解するとともに，スポーツや文化などを通して他国と交流し，異なる文化や習慣を尊重し合うことが大切であることを理解すること。

(イ) 我が国は，平和な世界の実現のために国際連合の一員として重要な役割を果たしたり，諸外国の発展のために援助や協力を行ったりしていることを理解すること。

(ウ) 地図帳や地球儀，各種の資料で調べ，まとめること。

イ 次のような思考力，判断力，表現力等を身に付けること。

(ア) 外国の人々の生活の様子などに着目して，日本の文化や習慣との違いを捉え，国際交流の果たす役割を考え，表現すること。

(イ) 地球規模で発生している課題の解決に向けた連携・協力などに着目して，国際連合の働きや我が国の国際協力の様子を捉え，国際社会において我が国が果たしている役割を考え，表現すること。

3 内容の取扱い

(1) 内容の(1)については，次のとおり取り扱うものとする。

ア アの(ア)については，国会などの議会政治や選挙の意味，国会と内閣と裁判所の三権相互の関連，裁判員制度や租税の役割などについて扱うこと。その際，イの(ア)に関わって，国民としての政治への関わり方について多角的に考えて，自分の考えをまとめることができるよう配慮すること。

イ アの(ア)の「天皇の地位」については，日本国憲法に定める天皇の国事に関する行為など児童に理解しやすい事項を取り上げ，歴史に関する学習との関連も図りながら，天皇についての理解と敬愛の念を深めるようにすること。また，「国民としての権利及び義務」については，参政権，納税の義務などを取り上げること。

ウ アの(イ)の「国や地方公共団体の政治」については，社会保障，自然災害からの復旧や復興，地域の開発や活性化などの取組の中から選択して取り上げること。

エ イの(ア)の「国会」について，国民との関わりを指導する際には，各々の国民の祝日に関心をもち，我が国の社会や文化における意義を考えることができるよう配慮すること。

(2) 内容の(2)については，次のとおり取り扱うものとする。

ア アの(ア)から(サ)までについては，児童の興味・関心を重視し，取り上げる人物や文化遺産の重点の置き方に工夫を加えるなど，精選して具体的に理解できるようにすること。その際，アの(サ)の指導に当たっては，児童の発達の段階を考慮すること。

イ アの(ア)から(サ)までについては，例えば，国宝，重要文化財に指定されているものや，世界文化遺産に登録されているものなどを取り上げ，我が国の代表的な文化遺産を通して学習できるように配慮すること。

ウ アの(ア)から(コ)までについては，例えば，次に掲げる人物を取り上げ，人物の働きを通して学習できるよう指導すること。
卑弥呼，聖徳太子，小野妹子，中大兄皇子，中臣鎌足，聖武天皇，行基，鑑真，藤原道長，紫式部，清少納言，平清盛，源頼朝，源義経，北条時宗，足利義満，足利義政，雪舟，ザビエル，織田信長，豊臣秀吉，徳川家康，徳川家光，近松門左衛門，歌川広重，本居宣長，杉田玄白，伊能忠敬，ペリー，勝海舟，西郷隆盛，大久保利通，木戸孝允，明治天皇，福沢諭吉，大隈重信，板垣退助，伊藤博文，陸奥宗光，東郷平八郎，小村寿太郎，野口英世

211

エ　アの(ア)の「神話・伝承」については，古事記，日本書紀，風土記などの中から適切なものを取り上げること。

オ　アの(イ)から(サ)までについては，当時の世界との関わりにも目を向け，我が国の歴史を広い視野から捉えられるよう配慮すること。

カ　アの(シ)については，年表や絵画など資料の特性に留意した読み取り方についても指導すること。

キ　イの(ア)については，歴史学習全体を通して，我が国は長い歴史をもち伝統や文化を育んできたこと，我が国の歴史は政治の中心地や世の中の様子などによって幾つかの時期に分けられることに気付くようにするとともに，現在の自分たちの生活と過去の出来事との関わりを考えたり，過去の出来事を基に現在及び将来の発展を考えたりするなど，歴史を学ぶ意味を考えるようにすること。

(3)　内容の(3)については，次のとおり取り扱うものとする。

ア　アについては，我が国の国旗と国歌の意義を理解し，これを尊重する態度を養うとともに，諸外国の国旗と国歌も同様に尊重する態度を養うよう配慮すること。

イ　アの(ア)については，我が国とつながりが深い国から数か国を取り上げること。その際，児童が1か国を選択して調べるよう配慮すること。

ウ　アの(ア)については，我が国や諸外国の伝統や文化を尊重しようとする態度を養うよう配慮すること。

エ　イについては，世界の人々と共に生きていくために大切なことや，今後，我が国が国際社会において果たすべき役割などを多角的に考えたり選択・判断したりできるよう配慮すること。

オ　イの(イ)については，網羅的，抽象的な扱いを避けるため，「国際連合の働き」については，ユニセフやユネスコの身近な活動を取り上げること。また，「我が国の国際協力の様子」については，教育，医療，農業などの分野で世界に貢献している事例の中から選択して取り上げること。

第3　指導計画の作成と内容の取扱い

1　指導計画の作成に当たっては，次の事項に配慮するものとする。

(1)　単元など内容や時間のまとまりを見通して，その中で育む資質・能力の育成に向けて，児童の主体的・対話的で深い学びの実現を図るようにすること。その際，問題解決への見通しをもつこと，社会的事象の見方・考え方を働かせ，事象の特色や意味などを考え概念などに関する知識を獲得すること，学習の過程や成果を振り返り学んだことを活用することなど，学習の問題を追究・解決する活動の充実を図ること。

(2)　各学年の目標や内容を踏まえて，事例の取り上げ方を工夫して，内容の配列や授業時数の配分などに留意して効果的な年間指導計画を作成すること。

(3)　我が国の47都道府県の名称と位置，世界の大陸と主な海洋の名称と位置については，学習内容と関連付けながら，その都度，地図帳や地球儀などを使って確認するなどして，小学校卒業までに身に付け活用できるように工夫して指導すること。

(4)　障害のある児童などについては，学習活動を行う場合に生じる困難さに応じた指導内容や指導方法の工夫を計画的，組織的に行うこと。

(5)　第1章総則の第1の2の(2)に示す道徳教育の目標に基づき，道徳科などとの関連を考慮しながら，第3章特別の教科道徳の第2に示す内容について，社会科の特質に応じて適切な指導をすること。

2　第2の内容の取扱いについては，次の事項に配慮するものとする。

(1)　各学校においては，地域の実態を生かし，児童が興味・関心をもって学習に取り組めるようにするとともに，観察や見学，聞き取りなどの調査活動を含む具体的な体験を伴う学習やそれに基づく表現活動の一層の充実を図ること。また，社会的事象の特色や意味，社会に見られる課題などについて，多角的に考えたことや選択・判断したことを論理的に説明したり，立場や根拠を明確にして議論したりするなど言語活動に関わる学習を一層重視すること。

(2)　学校図書館や公共図書館，コンピュータな

資　料

どを活用して，情報の収集やまとめなどを行う
ようにすること。また，全ての学年において，
地図帳を活用すること。
(3)　博物館や資料館などの施設の活用を図ると
ともに，身近な地域及び国土の遺跡や文化財な
どについての調査活動を取り入れるようにする
こと。また，内容に関わる専門家や関係者，関
係の諸機関との連携を図るようにすること。
(4)　児童の発達の段階を考慮し，社会的事象に

ついては，児童の考えが深まるよう様々な見解
を提示するよう配慮し，多様な見解のある事柄，
未確定な事柄を取り上げる場合には，有益適切
な教材に基づいて指導するとともに，特定の事
柄を強調し過ぎたり，一面的な見解を十分な配
慮なく取り上げたりするなどの偏った取扱いに
より，児童が多角的に考えたり，事実を客観的
に捉え，公正に判断したりすることを妨げるこ
とのないよう留意すること。

213

索　引

（＊は人名）

あ 行

愛情　69
アクティブ・ラーニング　50
新しい学力観　31
＊有田和正　14,137,188
安全　92
生きる力　35
意思決定　41
一斉授業　12
医療　111
＊岩田一彦　80
インターネット　71
飲料水・電気・ガス　110,118
＊ヴィゴツキー，L.　79
＊上田薫　15,29,163
＊江口武正　14
大槻・上田論争　22
＊大槻健　30
＊大野連太郎　29
帯学習　113

か 行

概念獲得　41
価格や費用　71
学習活動　173
学習過程　176
学習指導案　84
学習指導モデル　78
学習指導要領　7,11
　昭和22年版——　19
　昭和26年版——　21
　昭和30年版——　24
　昭和33年版——　24
　昭和43年版——　25
　昭和52年版——　27
　平成元年版——　31
　平成10年版——　35

　平成20年版——　42
学習到達度調査（PISA）　39
学習問題（学習課題）　82,92,157,180
学問中心カリキュラム　25
学力低下　38
＊片上宗二　30
学級経営　160
学校教育法　7
勝田・梅根論争　22
＊勝田守一　30
活用　47
カリキュラム・マネジメント　10,60
カルテ　162
官報告示　24
基礎・基本　190
基礎的資料の活用　125
＊北俊夫　80
＊木村博一　30
教育科学研究会（社会科部会）　29
教育基本法　6
教育の現代化運動　25
教育の人間化運動　25
教科書　187
教材　173
教材化　185
教材研究　12,85,174
国の政治のしくみ　144
＊久保田賢一　78
グループ学習　12
グローバル化　3
経験主義　22
系統学習　23
系統主義　23
研究授業　14
現象学的アプローチ　161
現代社会の仕組みや働きと人々の生活　65
公共施設　67,93,104
工業生産　124

索　引

構成主義　78
交通　67, 104
高度な情報化社会　46
公民　4
公民科　8, 32
公民的資質　3
　　——の基礎　26
公民的分野　65
公民としての資質・能力　63
　　——の基礎　56
国際学習　73
国際交流　110
国際社会　2
国際数学・理科教育動向調査（TMISS）　39
国民科　16
国立教育政策研究所　46
子ども理解　159
＊小西正雄　14
＊小原友行　30, 80
個別学習　12
ごみ・下水　118
コンピュータの活用　69

さ　行

＊斎藤喜博　30
裁判員制度　139
＊澤井陽介　155
参加型学習　121
産業　92
シークエンス　20
自衛隊　111
自覚　69
ジグソー学習　114
市区町村　66
＊重松鷹泰　2, 29
思考と言語　79
思考力，判断力，表現力等　48, 60, 172
指示　194
資質・能力の明確化　60
自助・共助・公助　120
自然環境　110
自然災害　71, 73, 119

質問　194
地場産業　110
＊柴田義松　30
市民　4
市民的資質　3
社会科前史　16
社会科の初志をつらぬく会　29
社会科の誕生　17
社会機能　20
社会見学　91
社会参画　117
社会的事象　4, 124
　　——の見方・考え方　92
社会的な見方・考え方　53
社会に開かれた教育課程　59
社会認識　197
修身　7, 16
習得　47
終末（まとめ）　199
授業実践　13
授業展開　195
主体的・対話的で深い学び　50, 60
小5ギャップ　91
小中高のつながり　65
消費生活　92
情報通信技術　71
情報を生かして発展する産業　129
初期社会科　21
食糧生産　124
助言　194
調べる　176
資料館　105
人口　67, 104
人物の業績　139
森林　71
水産業のさかんな地域　126
スキーマ理論　82
＊杉江修治　90
スコープ　20
生活科　8, 32
生活指導（生徒指導）　160
生活の道具　67, 104

215

生産　67, 97
政治学習　73
世界に歩み出した日本　140
＊關浩和　90
切実感　159
総合的な学習　36
　　　──の時間　9
Social Studies　18, 31

た　行

多角的な思考や理解　125
多文化共生社会　46
探究　47
単元の構想　173
地域　92
　　　──にある素材　185
地域学習　109
地域社会　2
地域防災　122
地球儀　70, 71, 125
地形図　93
知識及び技能　48, 60, 172
知識基盤社会　46
知識注入型の授業　188
知識の構造化　37, 80
地図記号　95
地図帳　67
＊千葉保　14
地理的環境と人々の生活　65
地理的分野　65
地理歴史科　8, 32
追求活動　190
通史　139
つかむ　176
＊築地久子　14
であう　176
＊デューイ, J.　31, 79
伝統　72
伝統的な文化　110
統計　70
同心円状　66
同心円的拡大　20

動的相対主義　29
道徳　24
導入　198
土地利用　67, 104
都道府県　66

な　行

＊長岡文雄　29
＊長坂端午　29
＊中村哲　30
21世紀型能力　46
日本国憲法　6
日本生活教育連盟　30
日本とつながりの深い国々　140, 149
人間中心カリキュラム　25
認識のズレ（ズレ）　188
年間指導計画　96
年中行事　111
年表　73, 119

は　行

廃棄物の処理　110
はいまわる経験主義　22
白地図　95
博物館　105
ハザードマップ　120
発見学習論　79
発問　194
板書　200
販売　67, 97
PDCA　85
表現活動　193
＊フッサール, E.　160
＊ブルーナー, J.　27, 79
文化財　111
方位（四方位と八方位）　95
防災教育　111
法的拘束性　24
誇り　69

ま　行

まとめる　176

索　引

学びに向かう力，人間性等　48,60,172
民主主義　17
＊森分孝治　30,76
問題解決的（な）学習（問題解決学習）　22,
　　172,187,190
問題解決的（な）学習論　79,83

や　行

＊安野功　137
ゆとり　35
「寄り合い」　29

ら　行

リデュース・リユース・リサイクル　116

理論仮説　77,78
歴史学習　73
歴史教育者協議会　30
歴史的分野　65
歴史と人々の生活　65

わ　行

わが国の国土や産業　124
わが国の将来を担う国民としての自覚　125
わが国の歴史と政治および国際理解　138
わたしたちの生活と森林　133

217

監修者

原　清治　　（佛教大学副学長・教育学部教授）

春日井敏之　（立命館大学名誉教授・近江兄弟社高等学校校長）

篠原正典　　（佛教大学教育学部教授）

森田真樹　　（立命館大学大学院教職研究科教授）

執筆者紹介（所属，執筆分担，執筆順，＊は編者）

＊中西　仁　　（編著者紹介参照：はじめに，第1，5章）

＊小林　隆　　（編著者紹介参照：第2，3，4，6章）

池田恭浩　　（京都先端科学大学人文学部教授：第7章）

橋本祥夫　　（京都文教大学こども教育学部教授：第8章）

早樫直人　　（京都市立岩倉南小学校教諭：第9章）

忠谷嘉人　　（京都市立大宅小学校教頭：第10章）

川嶋稔彦　　（滋賀県湖南市立下田小学校教頭：第11章）

今井大介　　（京都市立鷹峯小学校校長：第12章）

柳沼孝一　　（立命館小学校教諭：第13章）

編著者紹介

中西　仁（なかにし・ひとし）

1963年　生まれ。
現　在　立命館大学産業社会学部教授。
主　著　『中学校学習指導要領解説社会編』（文部科学省作成協力者）2008年。
　　　　『教職基礎論』（共著）サンライズ出版，2009年。

小林　隆（こばやし・たかし）

1968年　生まれ。
現　在　佛教大学教育学部教授。
主　著　「『社会科の初志をつらぬく会』実践における協同的な知識構築過程の解明──長岡文雄
　　　　『寄り合い』を事例として」『社会系教科教育学研究』第28号，2016年。
　　　　『文化を基軸とする社会系教育の構築』（共著）風間書房，2017年。

新しい教職教育講座　教科教育編②
初等社会科教育

2018年 3 月31日　初版第 1 刷発行	〈検印省略〉
2024年11月30日　初版第 4 刷発行	

定価はカバーに
表示しています

監 修 者	原　清治／春日井敏之 篠原正典／森田真樹
編 著 者	中西　仁／小林　隆
発 行 者	杉　田　啓　三
印 刷 者	坂　本　喜　杏

発行所　株式会社　ミネルヴァ書房
607-8494　京都市山科区日ノ岡堤谷町 1
電話代表　(075)581-5191
振替口座　01020-0-8076

ⓒ中西・小林ほか，2018　　冨山房インターナショナル・吉田三誠堂製本

ISBN 978-4-623-08198-1

Printed in Japan

新しい教職教育講座

原 清治・春日井敏之・篠原正典・森田真樹 監修

全23巻

（Ａ５判・並製・各巻平均220頁・各巻2000円（税別））

教職教育編

① 教育原論　　　　　　　　　　　山内清郎・原 清治・春日井敏之 編著
② 教職論　　　　　　　　　　　　　久保富三夫・砂田信夫 編著
③ 教育社会学　　　　　　　　　　　　　原 清治・山内乾史 編著
④ 教育心理学　　　　　　　　　　　　神藤貴昭・橋本憲尚 編著
⑤ 特別支援教育　　　　　　　　　　　原 幸一・堀家由妃代 編著
⑥ 教育課程・教育評価　　　　　　　　細尾萌子・田中耕治 編著
⑦ 道徳教育　　　　　　　　　　　　　荒木寿友・藤井基貴 編著
⑧ 総合的な学習の時間　　　　　　　　森田真樹・篠原正典 編著
⑨ 特別活動　　　　　　　　　　　　　中村 豊・原 清治 編著
⑩ 教育の方法と技術　　　　　　　　　篠原正典・荒木寿友 編著
⑪ 生徒指導・進路指導［第２版］　　　春日井敏之・山岡雅博 編著
⑫ 教育相談　　　　　　　　　　　　　春日井敏之・渡邉照美 編著
⑬ 教育実習・学校体験活動　　　　　　小林 隆・森田真樹 編著

教科教育編

① 初等国語科教育　　　　　　　　　　井上雅彦・青砥弘幸 編著
② 初等社会科教育　　　　　　　　　　　中西 仁・小林 隆 編著
③ 算数科教育　　　　　　　　岡本尚子・二澤善紀・月岡卓也 編著
④ 初等理科教育　　　　　　　　　　　山下芳樹・平田豊誠 編著
⑤ 生活科教育　　　　　　　　　　　　鎌倉 博・船越 勝 編著
⑥ 初等音楽科教育　　　　　　　　　　　　　　　高見仁志 編著
⑦ 図画工作科教育　　　　　　　　　　波多野達二・三宅茂夫 編著
⑧ 初等家庭科教育　　　　　　　　　　三沢徳枝・勝田映子 編著
⑨ 初等体育科教育　　　　　　　　　　石田智巳・山口孝治 編著
⑩ 初等外国語教育　　　　　　　　　　　　　　　湯川笑子 編著

――――――――― ミネルヴァ書房 ―――――――――
https://www.minervashobo.co.jp/